# 絵を描くと
# ビジネスが
# 変わります！

## イラスト＋図による
## 発想・伝達法のイノベーション

**伝工房** ［編著］　　**工藤六助** ［イラスト］

## プロローグ

　さまざまな困難や危機が到来し、激しい変化に対応しなくてはならない今日のビジネスシーンにおいては、局面局面を打開していく新しい発想や思考法が求められています。また、その発想・思考を共有し実現するための伝達法が必要とされています。

　この本は、求められているイノベーティブな発想と新しいコミュニケーションを実現するために、**「絵」を描くことを提案**します。

　ここでいう「絵」とは、なんらかの意味内容を伝える簡略化されたイラストを意味します。また、少し拡大解釈して、ビジネスシーンでは不可欠な「図」も含めることにしています。

　通常イラストや図は、伝達の補助的な道具、と考えられることが多いのですが、ここでは**イラストや図が主役**です。イラストや図を描いたり、使ったりすること自体が、**新しい発想・思考・伝達法を生み出す**、と考えます。

　イラストや図を描くことは、具体的に何かを表現しますから、否が応でも具体的な思考になります。抽象的なものを考える場合も、具体的なものをイメージして考えざるをえません。抽象的な議論では、「総論賛成・各論反対」が起こりやすく議論が停滞しがちですが、具体的な考えは新たな発想や思考につながりやすくなり、**新しい価値創造の実現**につながるのです。

　**本書の構成**を簡単に説明しておきましょう。

　**第1章**は、**【基礎講座1】**「絵心なしでイラストを描く方法」です。本当に絵心も美術的なレッスンもなしで、簡単なイラストが描けるようになる画期的な講座です。プレゼンテーションや会議などでいきなり効果を発揮するでしょう。

　**第2章**も**【基礎講座2】**、「誰も教えてくれなかった「図を使いこなすワザ」」です。さまざまな図があることはみなさんご存じですし、PCのソフトにも組み込まれていますが、これを体系的に整理して説明してもらったことのある人は少ないはず。

　ここでは、図を 11 に分類、4つの用途別にどういう使い方があるか、具体的なビジネス事例を挙げながら説明していきます。企画書作成、プレゼン、会議にも有効です。

　第3章は【応用講座】で「ことばをイラスト化する方法、教えます」です。1章で学んだイラストを使って、抽象的なことばをイラストにする方法をお教えします。このコツがビジネスでの新発想につながります。プロのテクニックの奥義を伝授します。

　第4章は【実践講座】「図とイラストを使うとこのように伝わります」。実際に図やイラストを使ったらビジネスにどういう効果をもたらすか、を解説します。（1）は図の活用、（2）はイラストの活用です。

　第5章は【エクササイズ】「イラスト式　新発想ミーティングのすすめ」です。

　ここまでのまとめでもあります。イラストや図を描いて新しい発想を得るためのエクササイズやミーティングを提案します。


　本書をお読みになり、実践していていただければ、「**なんだ、絵を描けばよかったんだ！**」ということになるものと確信しています。

伝工房

目次

## 第1章【基礎講座1】
## 絵心なしでイラストを描く方法　　　　7

（1）いきなり顔を描いてみましょう！　（2）表情をつけてみる
（3）年齢も描き分けできます　　　　（4）「2頭身」で身体を描きます
（5）ポーズをつけてみましょう　（6）もう少しリアルな人物を描いてみたい人へ
（7）キャラクターをつくりましょう

## 第2章【基礎講座2】
## 誰も教えてくれなかった「図を使いこなすワザ」　　29

## 第3章【応用講座】
## ことばをイラスト化する方法、教えます　　57

（1）ことばの連想　　　　　　（2）シチュエーションを考える
（3）ことば遊び・ダジャレ　　（4）別のものに置き換える
（5）ことばそのものをイラストにする　（6）時代をずらす
（7）大きさを変える　　　　　（8）パロディ
（9）ストーリーを考える——起承転結　（10）擬人化
（11）抽象概念を描く——「PDCAサイクル」の場合
【コラム】イラストを使って、だれかに「なに」かが伝わる条件

# 第1章
# 【基礎講座1】
# 絵心なしでイラストを描く方法

講師：工藤六助

　ビジネスでの発想や思考にイラストを使いましょう、といわれても、私はイラストを描いたことはないし、そもそも絵心がない、そんなのはとても無理、と思った方、ご安心ください。

　ほんとうに、いきなりイラストが描けてしまう方法をお教えします。

　紙とエンピツ（できれば4Bの柔らかいもの）をご用意ください。

## （1）いきなり顔を描いてみましょう！

まず、大きな丸を書いて、その中に小さな点を2つ並べてみてください。

　どうですか？　人の顔にみえるでしょう。

　描いたのは丸と点だけです。でも顔に見えてしまいますね。風景のなかに人の顔が見えてしまう「心霊写真」が世の中にたくさん存在するのは、同じ原理だと考えられます。極論すると点が並ぶだけで「顔」なのです。

　次はこれに ⌣ を加えてみましょう。

　それが右のページのイラストです。

　笑っているようにみえますね。

　これが顔の基本です

　むかしのピースマークも、Facebook の「いいねマーク」もこんな感じで
すね。
　丸と点と棒だけのこの「ピースマーク」をベースにして、ここから驚くほ
ど多くのことが表現できます。

　顔の輪郭が○ではなく、□や輪郭がなくても顔に見えてしまいます。△、
▽他、どんな形でも、顔です。

鼻も耳も髪も、省略できることがわかっていただけると思います。

　人は生き物の顔やその表情に敏感です。

　これはおそらく人間の生存本能に組み込まれているものなのでしょう。

　幼稚園にあがる前の小さな子どもが、おかあさんやおとうさんの顔を描いています。そういう経験は誰しもがしたことがあるでしょう。

　ですから、みなさんはすでに人の顔を描く基礎が身についているといえるのです。

　では、この顔に表情をつけていきましょう。

## （2）表情をつけてみる

**喜怒哀楽の基本形**

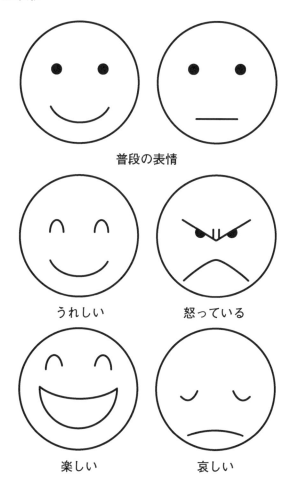

普段の表情

うれしい　　怒っている

楽しい　　哀しい

　口と目をほんのちょっと変化させるだけで、喜怒哀楽が簡単に表現できます。

　これだけでもいいのですが、せっかくなのでマンガなどでよく使われる「記号」をつけたして表情をバージョンアップしてみましょう。

**記号を使ってバージョンアップした表情**

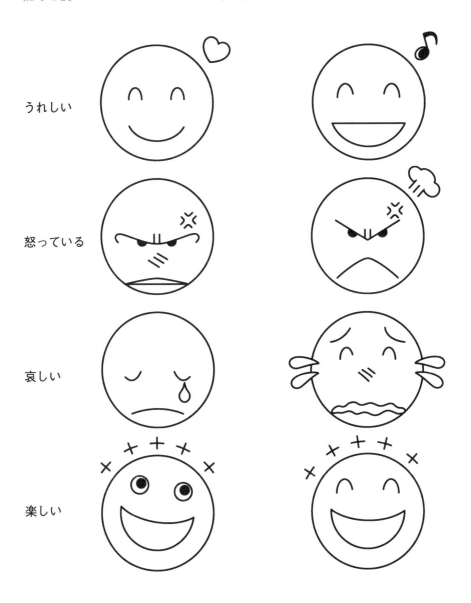

うれしい

怒っている

哀しい

楽しい

記号の組み合わせで、より豊かな表情をつくり出せるようになります。
みなさんも自分だけのオリジナルの表情をつくってみてください。

こわいよ〜　　　こまったなぁ〜　　　どうしよう！

酔っぱらっちゃった〜　　照れるなぁ〜　　　疲れた〜

悔しい〜　　　　眠い〜　　　　えっ!?

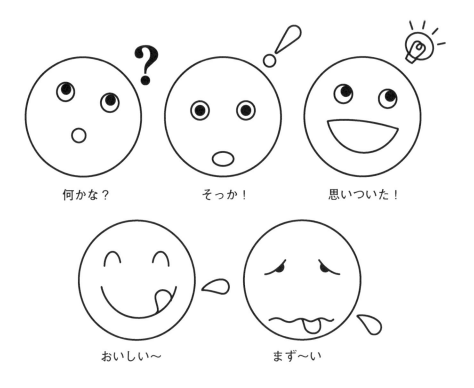

何かな？　　　　そっか！　　　　思いついた！

おいしい〜　　　　まず〜い

　この「記号」は、「漫付」「形喩」などと呼ばれているものです。
　お気づきだと思いますが、記号だけでなく、目や口の位置や形を変化させることによって、さらに豊かな表情が得られます。

## （3）年齢も描き分けできます

「ピースマーク」の単純な顔ですが、年齢を描き分けることができます。

　本当は、人の年齢ほどわかりにくいものはないのです。でも、**目の位置を**
**ずらし、「シワ」という記号を使えば簡単**です。

　シワひとつにつき、だいたい10歳くらいが目安です。

　額を広くする（目の位置を下げる）と子供らしく見えます。

　これに髪型と色がつくともっとわかりやすくなります。


　なお、ここまでは男女の描き分けについては説明していません。すぐあと
で解説しますので、ここでは、年齢一般の描き分け方と理解してください。

10歳未満
目と口を近くすれば
幼児っぽくなります。

10〜30歳代
幅の広い年齢レンジに対応

中年から老年へ

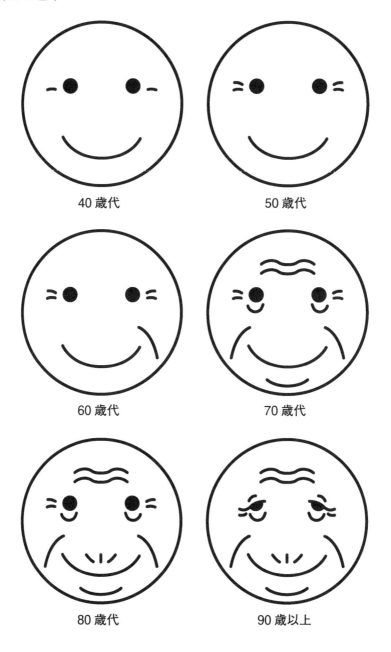

40 歳代　　　　　　　　50 歳代

60 歳代　　　　　　　　70 歳代

80 歳代　　　　　　　　90 歳以上

　ところで、顔の輪郭や耳、鼻などをつけてよりリアルな顔のイラストを描きたい、と思っている方もいらっしゃることでしょう。

　ごもっともですが、この章の目的はビジネス発想に使うためのイラストの描き方です。上記のコツは当然ありますが、ここでは目的に限定した描き方を解説します。

## （4）「2頭身」で身体を描きます

さて「顔」については一通り描けるようになったかと思います。今度は顔に身体をつけてみましょう。

身体には a 針金型、b ヒトデ型、c ピクトグラム型という 3 つのパターンがあります。

頭身を変えると、子どもと大人の違いが描き分けられます。

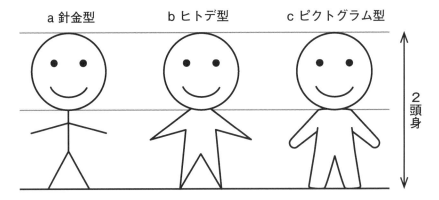

針金型とヒトデ型はデザイン的（？）なので、性別、職種を意識させない図表などに向いています

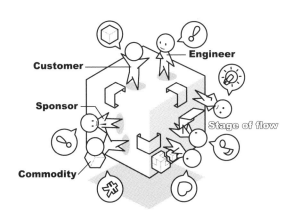

それでは**ピクトグラム型を元に新人クン**を作ってみましょう。
女性の脚は少し細くしてあげましょう。

　お気づきかと思いますが、目と口の位置がそのままだと上を向いているように
みえるので、髪が増えた分位置を下げています。

ついでに**横顔**をかくときのちょっとしたコツを。

鼻をちょっと出して、
アゴも少し作りましょう。

ななめ横のときは、
ほっぺたを少しふく
らましましょう。

# （5）ポーズをつけてみましょう

先ほどの新人クンを動かして彼の一日を見てみましょう

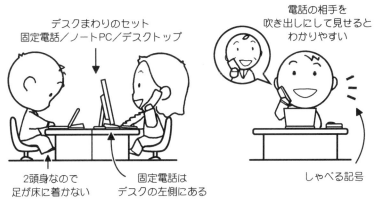

デスクまわりのセット
固定電話／ノートPC／デスクトップ

2頭身なので
足が床に着かない

固定電話は
デスクの左側にある

電話の相手を
吹き出しにして見せると
わかりやすい

しゃべる記号

斜め後ろから見た人

会議の小道具
ホワイトボード／プロジェクター／ノートPC

手書き文字もイラストのうち

歩く
後ろ姿

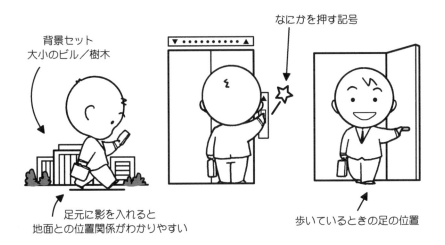

背景セット
大小のビル／樹木

なにかを押す記号

足元に影を入れると
地面との位置関係がわかりやすい

歩いているときの足の位置

体の角度

お茶

応接セット

目を閉じていると
丁寧さが伝わりやすい

走っているときは
地面から少し浮かせる

　筆者が描いているイラストは、だいたい2～2.5頭身です。

　ここで**頭身**について少し考えてみましょう。

　日本人の大人の平均は約7頭身です。赤ちゃんは4頭身、幼児は5頭身。サザエさんは4頭身、プリキュアさんたちは意外にも7頭身です。トイレなどに使われているピクトグラムは5.5頭身くらいです。

　ではなぜ筆者は2～2.5頭身で描くかというと、同じスペースに人物を描くとき、**顔が大きく表情が豊かになる**からです。頭身が小さいほどかわいく見えますし、感情も伝えやすくなります。

　イラストには何かを伝えるという目的がありますので、この意味で、頭を大きくする低頭身は有利なのです。みなさんにも**低頭身をおススメ**しています。

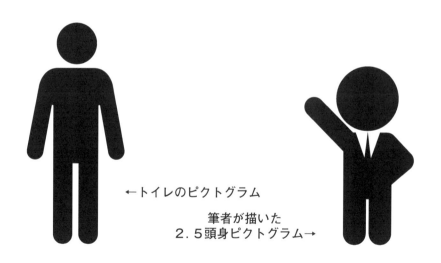

←トイレのピクトグラム

筆者が描いた
2.5頭身ピクトグラム→

## （6）もう少しリアルな人物を描いてみたい人へ

　ピクトグラム型を筆者がいつも描いている人物に変化させてみます。コツは O の左右を削ってアゴを作り、耳をつける。

　あとは眉毛を付け足してあげれば出来上がりです。

　髪型はみなさんのお好みで。

筆者が描くのは2頭身の幼児体形なので、横から見るとお腹が出ています。後ろ姿は変化に乏しいので少しだけつむじのあたりにアクセントを付けてます。

横向きの形の
基本型

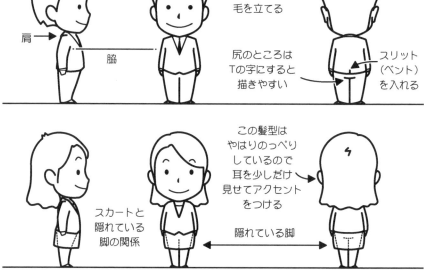

肩 →

脇

後頭部は
つむじの辺りに
ちょっと
毛を立てる

尻のところは
Tの字にすると
描きやすい

スリット
(ベント)
を入れる

スカートと
隠れている
脚の関係

この髪型は
やはりのっぺり
しているので
耳を少しだけ
見せてアクセント
をつける

隠れている脚

後れ毛 →

本当は見えないが
ちょっとだけ
毛を見せると
後ろで束ねて
いるのがわかる

髪をアップすると
生え際がWの形になる

アゴ

　座り方にもその人の性格・状況でいろいろあるのですが、ここでは面接時の行儀いい座り方です。

背筋は
反り返る

両手は
膝の上

2頭身なので
脚が床に
着かない

**髪型について**

　男性の髪型は筆者が同性なのでそれほど苦労しないのですが、女性の髪型は想像で描くよりも、ドラマや映画、写真を参考にしたほうが具体的に描けて便利です。見てもよくわからないものもありますが。

どないどす？

## （7）キャラクターをつくりましょう

　ここまで、ビジネスで活用するイラストの基礎の基礎を解説してきました。

　この基礎講座１の最後に、**キャラクーのつくり方**をお教えします。これまでのテクニックをちょっと応用するだけです。

　ほぼ年代別のイメージで、ビジネスマン／ウーマンのキャラクターをつくっていきましょう。

新人クン（20歳前半）

中堅さん（20歳後半）

課長さん（30歳代）

部長さん（40歳代）

専務さん（50歳代）

社長さん（70歳代）

定年再雇用さん（60歳代）

会長さん（80歳代）

近所の食堂のおじさんおばさん

近所のコンビニの店員さん

近所の工場の工員さん

近所の研究所の職員さん

近所の工事現場の職人さん

近所の神社の神主さんと巫女さん

巫女さんって
ビジネスに関係
あるんですか?

巫女さんも
ビジネスウーマンである

# 第2章
## 【基礎講座2】
## 誰も教えてくれなかった
## 「図を使いこなすワザ」

講師：出川通

　イラストを使った発想法や思考法と同じくらい重要なのが、図を使った発想・思考やプレゼンです。

　図を縦横無尽に使いこなせるようになりたいものですが、これが案外難しい。多くの人はパターン化された図をなんとなく使っていることが多いからです。

　ここでは「パターン化された図」をちょっと工夫するだけで、驚くほど表現が変わる効果的な図の使い方を解説しています。

　どういうシチュエーションで、どういう種類の図を使ったらいいのかを、実例を挙げながら説明していきます。用途を大きく4つに分け、さらにそれを細かく11種類に分類しました。概略は次のページの表にまとめてありますので、迷ったら参照してください。

　アプリケーションにあらかじめ登録されている「図形」が見違えるような働きをします。プレゼンでの図式化、資料作成で威力を発揮するでしょう。

| | 分類 | 図のイメージ | 図の機能と意味 |
|---|---|---|---|
| （1）並べて見せる | ①等価・交換図 | | 同等であるが視点を変えることで理解を深める |
| | ②フロー図 | | プロセスや考え方の順番を明確にする |
| | ③循環図 | | 一巡するシステムとして全体を理解する |
| （2）比べて見せる | ④円グラフ図 | | 比率・割合を示すことで直感的に把握 |
| | ⑤棒グラフ図 | | 絶対値の変化を示すことでの比較 |
| | ⑥折れ線グラフ図 | | 変化の動きを多数のデータで比較　時系列的な把握 |
| （3）位置づけを見せる | ⑦ポートフォリオ図 | | 最適の分布を可視化し戦略的思考が可能 |
| | ⑧マトリクス図 | | 戦略の分析、方向性判断のプラットフォームとして使用 |
| （4）関連づけを見せる | ⑨ブロック図 | | 階層構造の明確化、全体の位置づけ明確化 |
| | ⑩オイラー図 | | 抱合・包括・所属の可視化、相互関係可視化 |
| | ⑪ベン図 | | 重なり・共通領域の可視化 |

図1　図の4つの大分類と11のパターン

## はじめに　図を使うメリットと用いる道具

　さまざまな図形を使って図示したり、図式化するメリットは、伝える側と伝えられる側の双方にとって、内容の共有化が容易になるということです。

　それによって——

① **一目瞭然、すぐ理解できる**（スピード性）

② **難しい（複雑な）内容を単純化してわかりやすくできる**（シンプル性）

③ **分析、展開、新たな発想などの幅広いベースツールとなる**（共通性）

　以上により、**思考のプロセスを明確**にすることができる、**活発な議論が可能になる**、といったことが期待できます。


　4つの用途、11種類の図示の方法の説明に入る前に、**基本的なパーツと紐づけの方法**を整理しておきましょう。

**1）シンプルな基本図（単位パーツ）として□、○、△などの図形**

　用いる図は、だれでもなじみのある3つの図形が基本図（単位パーツ）となります。一番の基本は四角形ですが、印象を柔らかくするためにその隅を丸くしたり、正方形と長方形を使い分けたりといった工夫もします。また角を丸めたり、楕円形として受ける印象を柔らかくしたり、逆に印象深く、とがったイメージをだすために三角形を使ったりします。五角形、六角形などの多角形も用いられます。

**2）紐づけの道具としての線、矢印：→　⇔　←　＝　－　≒など**

　次にそれぞれの基本図をつないでいきます。このことによってさまざまな関係が明確になります。個別またはグルーピングした内容を関連づけるのが紐づけという作業です。そのパーツは、→　⇔　←　＝　－　≒などです。

**3）キャプション**

　これらのパーツとともに大切なのは、キャプションと呼ばれる簡単な説明書きです。これは図式化する内容や目的を簡潔に明示するメッセージです。


　それでは次のページから、図式化の方法について述べていきましょう。

　図の用途には、（1）並べて見せる　（2）比べて見せる　（3）位置づけを見せる　（4）関連づけを見せる、という4つがあります。

## （1）並べて見せる

　まず、（1）「並べて見せる」図から解説しましょう。これは、さまざまな内容を並べて見せることで、その内容を明確にしていくためのものです。
　この図には**3つの種類**あります。
① 等価性や双方向性を示す「**等価図**」
② 時系列に事柄を並べたり、考え方や事柄のプロセスを並べていき、ある時点での判断を求めたりする「**フロー（チャート）図**」
③ 一方向ではなくてサイクル的に循環していく順番に並べて示す「**循環図**」

### ① 等価で並べる：等価図

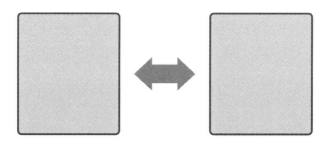

◆**等価図のポイント**
• 並べてみることで等価であることを明確に示します。
• 左右が等価、本質的に同じものです。交換、変換なども含みます。
• 同じものでも人によって理解が違うことを示します。視点の多様性です。
• ブロックごとに内容が分解・変化していく場合も、等価であることを示します。
• 図に記入する文言は説明、解説が主体で、時間軸は存在しません。
• 紐づけの矢印によって、いくつかの視点があることを明確にすることができます。

## 図例　特許ポートフォリオの構築と位置づけ、その内容

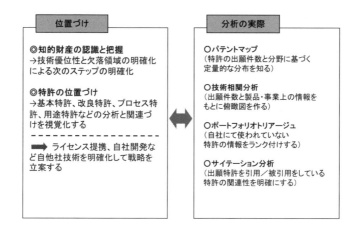

⇒「位置づけ」と「その分析の方法」が双方向で関連づけられています。同じものをどのような視点で処理するかを、左右で関連させ、解説しています。等価であるとともに、視点を変えた説明にもなっています。

## 図例　インフラ産業・製品・システムに要求されるMEMSの基本特性

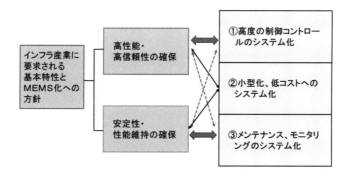

⇒内容を明確に説明し、矢印は双方向で等価となっていることを示します。

② 順番で並べる：フロー図（フローチャート含む）

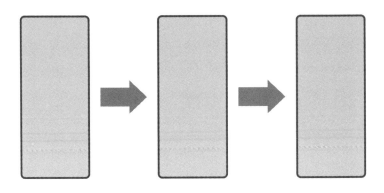

◆時間軸「フロー図」のポイントと「フローチャート図」への発展

• 時間軸は一方向です。

• 時系列的な流れを、段階に分けて明確化します。

• 時間軸での変化、重要なポイントを示します。

• 枝分かれする場合、必要なプロセス、動作を加えていくと、いわゆる「フローチャート図」となります。

•「フローチャート図」の場合には、時系列的に起こる変化に、対応すべき操作内容を示します。

•「フローチャート図」では判断を伴うプロセスが時系列に示されます。

## 図例　市場規模、売上、利益などの算出フロー

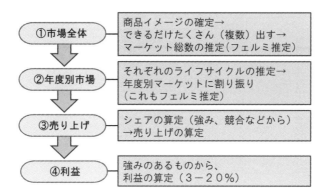

⇒時系列的に行なうべきことを記入し、解説しています。これは流れを示していますが、「フロー図」であり、「フローチャート図」にはなっていません。

## 図例　ビジネスプラン（アクションプラン）作成フローチャート

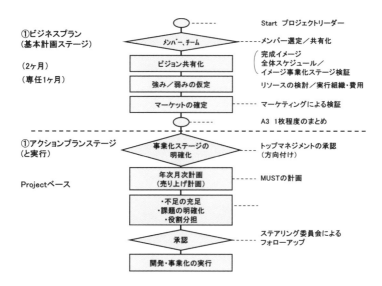

⇒判断を伴うかたちのフローチャート図では、いわゆる判断の場所がひし形、◆◇として示され、そこで、GO・STOP・RETURN などの判断をしていくことになります。

## 図例　事業への各ステージでの必要費用のイメージ

| | | 研究（技術シーズ） | 開発（製品） | 事業化（商品） | 産業化（生産） |
|---|---|---|---|---|---|
| 費用の大きさ | | ×? | （製品にする費用）<br><br>×1<br>・技術シーズの確認 | （製品にする費用）<br>×5<br>～<br>×10<br>・他の技術の導入<br>・組み合せ調整<br>・試験費用 | （商品化への費用）<br>×50<br>～<br>×100<br>・設計変更<br>・クレーム対策<br>・●●試作<br>・コストダウン | （生産する費用）<br>×500<br>～<br>×1000 |
| 〈費用例〉 | ケースA※1<br>（人員） | 0.3<br>（1.5） | 2<br>（7人） | 15<br>（30人） | 60億<br>（100人） |
| | ケースB※2<br>（人員） | -<br>（-） | 5.0<br>（5人） | 20.0<br>（30人） | 100億<br>（150人） |

（※1 新素材　※2 FPD装置　一部計画値を含む）

⇒この図も「フロー図」ですが、ステージごとに費用イメージなどの諸因子を並べて比較しています。さまざまな視点による変化を図表化し、明確に示しています。定量的な数字を明確に示すには表がベストです。図と表を組み合わせた例です。

### ③ 順番に並べ、循環させる：循環図

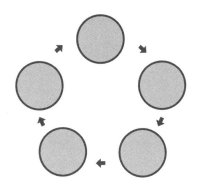

### ◆循環展開図のポイント

- 軸は方向性を持つ時間軸となって、廻って戻ってくる型となっています。
- 循環型にすることで、動きがわかりやすくなります。
- 時系列的に起こる「対応すべき変化」、「操作内容」をつなげて示します。
- 循環方法はサークル型、箱型、横型など、いろいろあります。
- 次のステップに行くには、判断を伴う場合と自動的に行く場合の双方があります。
- 区分けの単位は□○、マトリクスなどいろいろと工夫できます。

### 図例　知的創造サイクルとその廻し方（循環イメージ）

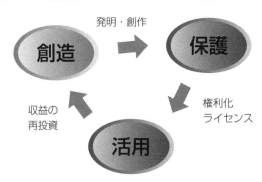

⇒移行時の内容を付加した典型的な循環図です。

## 図例　ビジネスの進化モデルとバランス

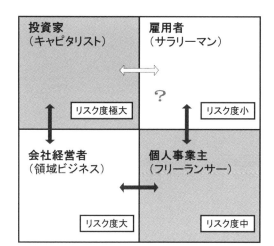

⇒マトリクス型の循環図。双方向を持つことが特徴となっています。

## 図例　MOT におけるマーケティング（技術とニーズの関係）

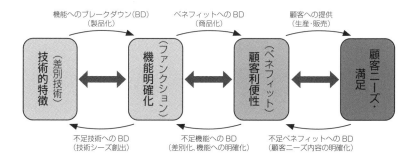

⇒これも循環系の並べてみせるパターンです。往復型の循環図といってもいいでしょう。

## （2）比べて見せる

　比べて見せる場合はグラフを用いるのが定番となっています。よく使われているので、ほとんど説明は不要でしょう。次の3つが代表です。

④ 割合を比べる「**円グラフ**」

⑤ 量を比べる「**棒グラフ**」

⑥ 変化を比べる「**折れ線グラフ**」

　大切なのは軸の取り方です。**一番言いたい、強調したい因子を軸にするのがポイント**です。差を出すことを目的にして使い分けることが大切です。

### ④ **割合を比べる：円グラフ**　※番号は図の通し番号です

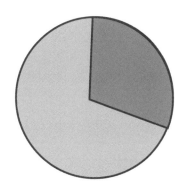

### ◆円グラフで比較するパターンのポイント

- 円グラフでは絶対値は示せませんが、比率は一目瞭然、直感的に理解できます。

- 項目にかなりの差がないと違いは認識できません（オーダー級の違いがある時に有効）。

- 色を変えたり、説明書きを加えるなど、いろいろな工夫でよりわかりやすくなります。

- 「ポートフォリオ図」（⑦）との組み合わせも可能です。

40

## 図例　T社における理想的なビジネス形態の分配

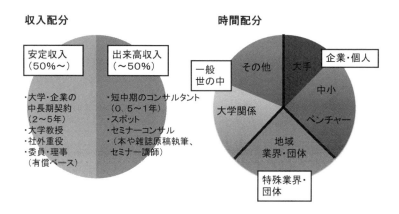

⇒内容の比率が一目瞭然。さらにそれぞれの内容説明を図中に加えることも可能です。

## 図例　総合売り上げの年次ごとの推移イメージ

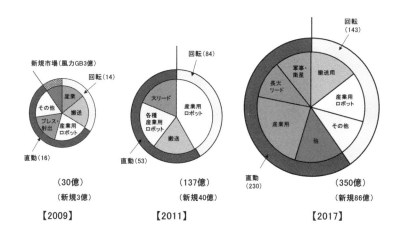

⇒円の大きさを変えることで、全体量の変化を示すことができ、それぞれの内容の比率、特徴の違いの比較が可能となります。

## ⑤ 量を比べ、絶対値を示す：棒グラフ

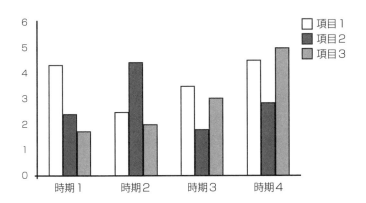

◆棒グラフのポイント

• 絶対値（の変化）は一目瞭然。

• 縦軸に重要な因子を示して、比較ができます。

• 原点が明確になります。

• 途中を省くと（波線で省略）意図的に一部を拡大した図となります。

• 情報を棒の中に入れ込むことも可能で、より詳しい表示もできます。

### 図例　電子部品・半導体企業雇用者数の変化

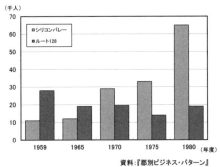

資料：『郡別ビジネス・パターン』

⇒2種類の比較、色をうまく使うと、よりわかりやすくなります。

## 図例　技術移転ビジネスの考え方

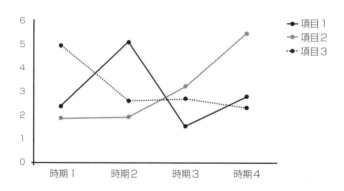

⇒応用系の棒グラフとなる。棒の中に内容が書き込んだ図。うまく使えばかなりの情報を入れ込むことができます。

## ⑥ 変化を比べる：折れ線グラフ

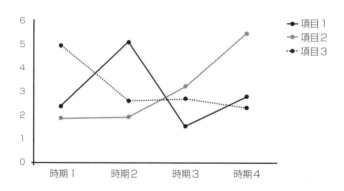

◆折れ線グラフのポイント
- 絶対値の時系列的な変化・推移が一目でわかります。
- 縦軸に重要な因子を示します（棒グラフと一緒）。
- 多くの事象の比較が一度にできます（棒グラフはせいぜい 2 〜 3 種類まで、折れ線では、色などをかえて、ある程度多数の事象を比較できる）。
- 意図的な傾向の仮説を作り、示すことが可能となります。

## 図例　各事業における売上げ予測の比較

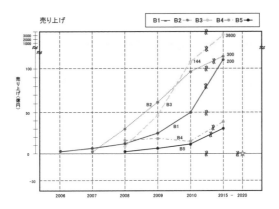

⇒色などを変えて、複数の事象を自由に比較できます

## 図例　事業展開シナリオの3パターン

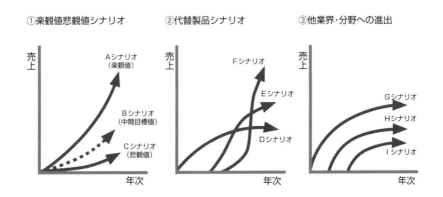

⇒時間変化による比較が容易にできます。仮説の傾向や見込みを作り、示すことが可能です。

# （3）位置づけを見せる

　事象や項目をマッピングしたり、位置づける（ポジショニングを明確にする）のはこの2つです。

⑦「ポートフォリオ図」

⑧「マトリックス図」

「ポートフォリオ図」と「マトリックス図」は、位置づけ（ポジショニング）を図式化するための代表的なものです。

　ポートフォリオ図は、縦軸・横軸の視点で項目を位置づけます。項目の分布や配置バランスを見ていくことに向いています。

　マトリックス図は、縦軸・横軸で4つの枠をつくり、項目の位置の特性を判断するプラットフォームとなります。

　この2つは、戦略上の必要に応じて使い分けることが大切です。

### ⑦ <u>位置づけをマッピングして見せる：ポートフォリオ図</u>　※番号は図の通し番号です

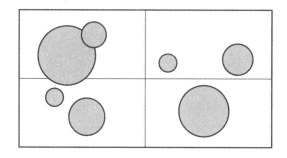

◆ポートフォリオ図のポイント

- ポートフォリオ（portfolio）は、もともと「紙ばさみ」「折りかばん」「書類を運ぶケース」の意味です。
- 全体の相対的な位置づけ、分布を明示します。最適な状態も示せます。

- •「事業ポートフォリオ」という場合は、プロジェクト・事業の戦略的なバランスを見た組み合わせを指します。
- • 近年は「全体最適を目的とした定量評価（経済価値評価)」による事業ポートフォリオ・マネジメント手法が利用されています。
- • 金融・投資用語としての「ポートフォリオ」（分散投資の組み合わせ）もあります。

## 図例　事業化テーマの戦略ポジショニング

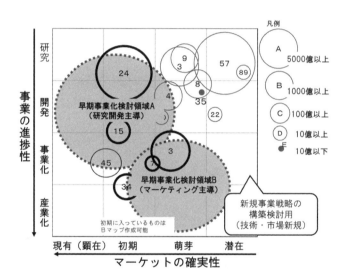

⇒具体的な研究開発（事業開発）テーマの将来性を、売り上げ規模で比較したものです。個々の位置づけと全体のバランスが一目でわかる戦略マップです。

図例　市場をベースにしたプロダクトポートフォリオ分析

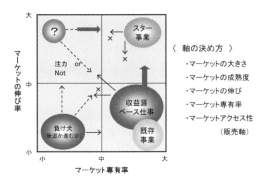

⇒基本的には全体のバランスをみる「ポートフォリオ」図ですが、これは戦略を示す「マトリックス」が一緒になった複合図です。

## ⑧ 戦略的位置づけを示す：マトリックス図

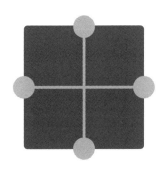

◆マトリックス図のポイント

・4つの象限それぞれの相対的な位置づけが明示されたプラットフォームとなります。

・原則は、右上に一番良いものを示します。左下が良くない位置です。

・軸の選定が大切。

・「アンゾフのマトリックス」が有名です。

## 図例　Ｒ＆Ｄの目的とその評価対応への考え方のイメージ

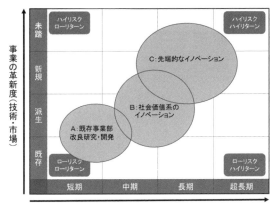

⇒多数の分類を用意したプラットフォームによるマトリックス図です。

## 図例　事業展開の基本的考え方（技術とマーケットの革新度に対応）

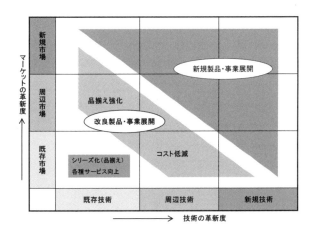

⇒これは３×３＝９象限のマトリックス図です。

## （4）関連づけて見せる

　事象や項目の関連を明示する3種類の図があります。

⑨ **ブロック図（ツリー図）**：ブロックで関連づけ階層構造にし、全体の骨格などを見せます。

⑩ **オイラー図**：抱合、包括、所属などの内部構造を可視化します。ピラミッド、円形、矢印などを使います

⑪ **ベン図**：重なりで包括関係や共通部を見せます

⑨ **階層構造を明確にして関連づける：ブロック図**　※番号は図の通し番号です

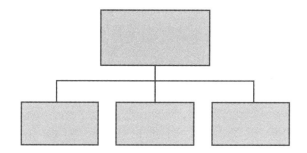

◆ブロック図（ツリー図）のポイント

- 「ツリー構造」をブロックで関連づけて見せます。「階層構造図」ともいいます。

- 組織の階層構造、内容、ヒエラルキーなどを明確に示せます。

- 多数の概念がある場合には、共通点を発見してグループ化します。

- 一つのツリーに集約していくことが大切です。

- 必ず紐づけします。太線、点線などを使って、つながり・濃さなどを可視化することができます。

## 図例 ロードマップにおけるビジョン（ターゲット）の階層構造

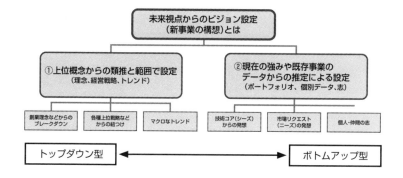

⇒「ツリー図」として、内容を分類・整理して示しています。

## 図例 死の谷の発生要因と対策

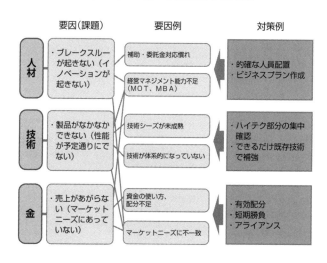

⇒「死の谷」の要因を明確化するとともに、その対策も矢印つきで示しています。

## ⑩ 構造を明確にして関連づける丸型、三角型、四角型の「オイラー図」

◆オイラー図のポイント

• 集合 A が集合 B の部分集合である、というような相関関係を○、△、□ を使って表します。

• 全体イメージを簡単に表現でき、内部包含や分割関係などを明確にします。

• ピラミッドのような△では、全体でのヒエラルキーや方向性を示します。

### 図例 ホールプロダクト・モデル

⇒単純なオイラー図です。中心にある原点のプロダクトから周囲に広がって展開していることを示しています。

## 図例　ビジネスチャンスと価値連鎖

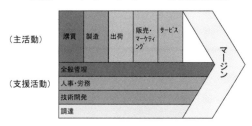

⇒方向性が明確に示されている矢印型のオイラー図です。

## 図例　ＭＥＭＳ産業におけるアプリケーションプラットフォームの位置づけ

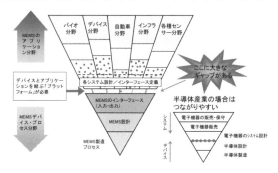

⇒ピラミッド図が、複雑な構造的分類と方向性を示しています。

## 図例　企業の経営・事業・技術戦略と知的戦略の関係

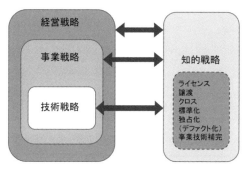

⇒①の「等価関係」を組み合わせた「オイラー図」です。

## ⑪ 内・外・包含関係を関連づける：ベン図（重なり図）

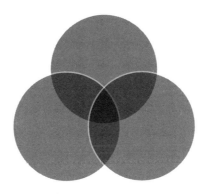

◆ベン図のポイント

- 複数の集合の関係や、集合の範囲を図式化します。
- 領域、重なり、離れといった包含関係を示します。
- 複数の概念の異なりと共通性を明確にできます。
- それぞれの概念や領域のつながりが明確になり、強みや共通点を共有化、明確化できます。

### 図例　ベンチャー企業とのかかわり（出身母体）

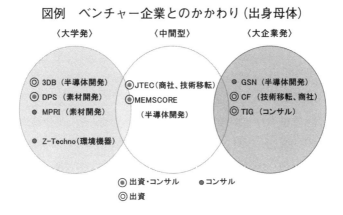

⇒3つの企業グループを分類しながら、重なり具合も示しています。

## 図例　研究開発のテーマ評価は経営・事業戦略を通過して評価

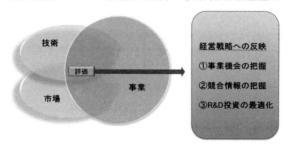

⇒重なりの部分は、その重要性とそこからの展開を示しています。

## 図例　事業・製品・技術ロードマップと知財ロードマップの関係

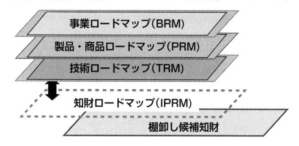

⇒立体的な重なり、共通性、展開を明確化します。

## 図例　既存分野と新規事業展開とは

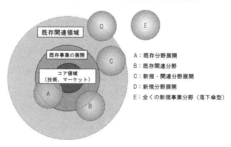

⇒⑩の「オイラー図」と重なりの「ベン図」を組み合わせたものです。

## 参考：上記を複合した例

以下は上記の図をいろいろ組み合わせたものです。

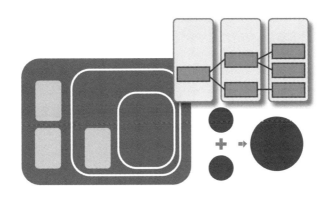

図例　知財マネジメントと知財の認識・評価・分析

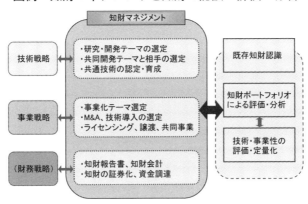

⇒①「等価図」と⑩「オイラー図」を組み合わせたものです。

## 図例　経営的な視点での開発プロジェクト集約の必要性

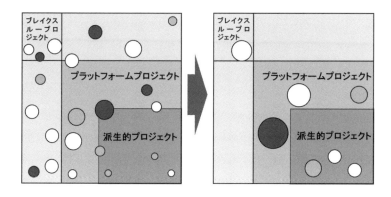

⇒②「フロー図」、⑦「ポートフォリオ図」、⑧「マトリックス図」の組み合わせです。

## 図例　商社とメーカーの役割分担

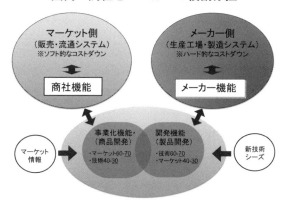

⇒②「フロー図」、⑨「ブロック図」、⑩「オイラー図」、⑪「ベン図」の組み合わせです。

# 第3章
# 【応用講座】
# ことばをイラスト化する方法、
# 教えます

講師：工藤六助

　例えばだれかになにかを伝えようとするとき、具体的な例えがあったほうが伝わりやすいものです。難解なことばでも、「例えば〜」こういう意味ですよ、と具体的な例をあげて説明したほうがよりわかりやすくなります。

　イラストはこの具体的な例えを視覚的に伝えるものです。

　これから「ことばをわかりやすく視覚的に伝える方法」をいくつかご紹介しましょう。

## （1）ことばの連想

　漠然としてはっきりとイメージできないことばをイラストにするときは、具体的なモノの形になるまでことばの連想をしてみましょう。

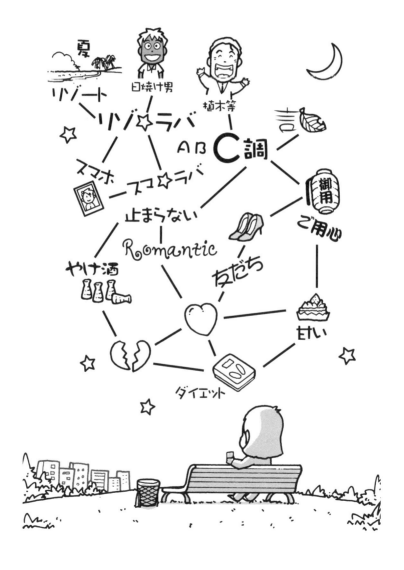

## 大阪のオバちゃん

　ただの「オバちゃん」であれば、ちょっとかわいい中年女性を描けばいいのですが、「大阪の」という但し書き付いています。それでは「大阪のオバちゃん」ということばから連想するものをあげていきます。

　**大阪のオバちゃん→紫色の髪→ヒョウ柄のシャツ→アメ玉→たこ焼き→551の肉まん→通天閣→ビリケン→大阪城→アベノハルカス→などなど**

　どうでしょう、具体的なモノの名前が出てきましたね。これをもとに「大阪のオバちゃん」を描いてみました。

今度は「大阪のオバちゃんの生態」ということばから連想できる具体的な行動をイラストにしてみましょう。

大阪のオバちゃんは
めっちゃ同じ単語を繰り返し言う
早口で

大阪のオバちゃんはオモロイ

大阪のオバちゃんはいつも忙しい

## 大阪のオバちゃんのアイドル菊水丸さま

## 大阪のオバちゃんはでかいのが好き

## 大阪のオバちゃんは世話好き

## 大阪のオバちゃんにとって京都はライバル

## 大阪のオバちゃんは世話好き

## （2）シチュエーションを考える

　具体的なイラストにするのには例が多すぎて困ってしまうときがあります。そういうときはあるシチュエーション、特定の場面を設定して制限を設けると描きやすくなります。

### ～ください

「～ください」という動詞を使うシチュエーションとして、「あるバーの夜の風景」を設定。

### ヴィジュアル辞書

それぞれの単語をワンシチュエーションのなかに詰め込んでみる。

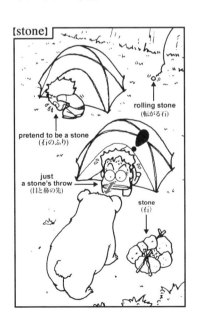

**禁煙**

禁煙のポスターを、３シチュエーション、４パターン作ってみました。

今回は２つの条件を設定しました。

１）恐怖心を煽らない

２）クリニックなどに掲示するので、どぎつくないデザイン、ほのぼのした
　　イラストにすること

家族団欒編A

家族団欒編B

崖っぷち編

エア・タバコ編

## （3）ことば遊び・ダジャレ

　たまに使うとリラックス効果のあるイラストになります。でも、これを笑ってゆるしてくれる環境でないとちょっとムリかもしれません。

## 技術者のための基礎用語講座

マッシュアップ

ハイブリッドカー

磁性流体

コー・ジェネレーション

勉強しなきゃ
いけないのに
なんだかモンモンと
しちゃう学生諸君！

# Ｈブロッカー

疲れているのに
しつこく迫ってくる
ご主人に！

一錠飲めば
たちまち
性欲
ストップ！

使用上の注意をよく読み、用法・用量を守ってお使い下さい。

## （４）別のものに置き換える

　伝えたいことばはあるけど、そのままイラストにするにはちょっとむずかしい。そういうときは視点をかえて別のものに置き換えてみましょう。

**ウィンドウズをマップに置き換えると**

**ワードをバベルの塔に置き換えると**

**心（こころ）**

心は確かにあるけれど、見ることができません。

でも♡マークなら心を表現するのにぴったりですね。

単行本『心をケアする仕事がしたい』表紙

## （5）ことばそのものをイラストにする

　もうすぐ締め切りなのにいい例えが浮かばない、頭の中が真っ白だ、どうしよう〜。そういうときは奥の手があります。ことば自体をイラストにしてしまうのです。

## ことばをイラストのなかに入れ込む

　時間の余裕があるときに、フレームをいくつか作っておくと便利です。

## ロゴマークをイラストにする

　メーカーの名前よりも、シリーズ名のほうがわかりやすく、ビジュアル的に作られたロゴマークはイラストで表現するのにぴったりです。

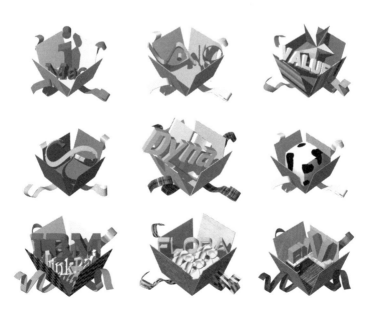

## （6）時代をずらす

もしも昔のひとたちがいまの技術を使ったらきっとこんな感じ、という
ギャップのおもしろさを表現したイラストです。

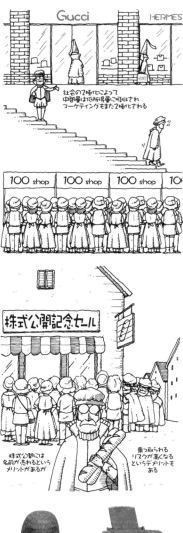

# （7）大きさを変える

　これは大きさを変えることで、伝えたいことをより面白く伝えるやり方です。

## （8）パロディ

パロディを描くときは、より多くの人が知っている題材を選びましょう。

## 裁判という名のワンダーランド

懐かしの電子計算機の公告

## （9）ストーリーを考える──起承転結

図版に起承転結をつけると、より面白くなります。

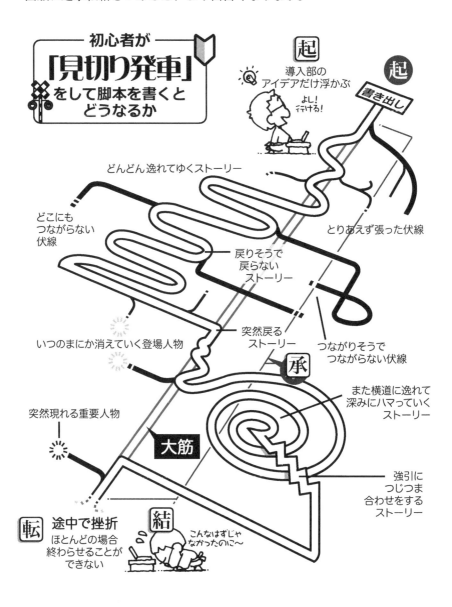

初心者が「見切り発車」をして脚本を書くとどうなるか

起 導入部のアイデアだけ浮かぶ

よし！行ける！

起 書き出し

どんどん逸れてゆくストーリー

どこにもつながらない伏線

とりあえず張った伏線

戻りそうで戻らないストーリー

いつのまにか消えていく登場人物

突然戻るストーリー

つながりそうでつながらない伏線

承

また横道に逸れて深みにハマっていくストーリー

突然現れる重要人物

大筋

強引につじつま合わせをするストーリー

転 途中で挫折 ほとんどの場合終わらせることができない

結 こんなはずじゃなかったのに〜

A

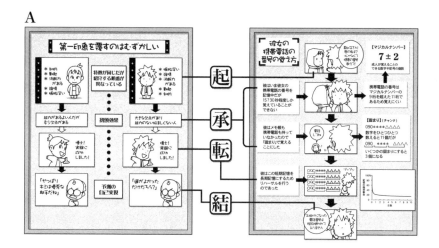

A に最後にもうひとつ足してみました。起承転結が微妙にずれています。

B

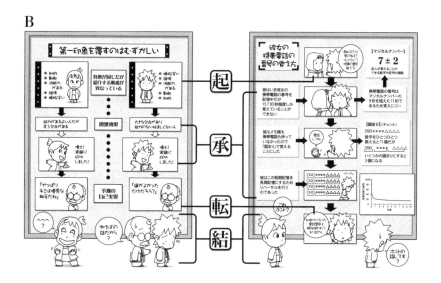

# （10）擬人化

　目と口を描き足せば、どんなモノでも人間のように
感情を表現できます。さらに手足を描いてあげれば動
きまわることもできます。

PCくん

ヒッグス粒子くん

## （11）抽象概念を描く―「PDCA サイクル」の場合

　いままで描いてきた人やスマホ、机、椅子は形があります。感情にも表情という形があります。では形のないもの、目にみえないものをイラストにするにはどうしたらよいでしょう。今回は筆者があるクライアントから受けた仕事を例に、その思考過程をみてみましょう。

### 依頼内容

「PDCA サイクル」
いままではパワポで説明していたが、これをムービーにして社員に見せて啓蒙したい。

### 頂いた原稿

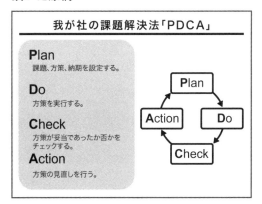

　この原稿をもとにムービーを作っていくわけですが、恥ずかしながらこの依頼があるまで「PDCA」という言葉を知りませんでした。そこでネットでざっくり調べてみました。

## リサーチ

最初にリサーチをします。

PDCA サイクルは日本でもポピュラーな業務改善手段です。

ネットで調べるとこのような図版が出てきます。

出典：wikipedia

　この図版をムービーにしても「なるほど……知ってるよ」くらいの感想で終わってしまいます。なぜかというと、抽象的すぎてどの職種にも適応できるけど、具体的な内容が書かれていないので、それほど関心を持たれないからです。

## 具体的なものに落とし込む

　多くの人に関心を持ってもらうにはどうしたらいいか。いちばんよいのは、各社員が所属する部署での具体的な活用法です。各部署に取材してオーダーメイドの PDCA を作ることがベストです。しかし今回は時間がないので、なにかひとつの仕事にしぼることにしました。

## どんな仕事がいいか

　人は自分が所属する部署以外の仕事にはそれほど関心がありません。

　また説明されても専門知識が必要だったり、その部署独自のルールがあったりしてよくわかりません。それではそれぞれの部署を超えてより多くの人が知っている仕事とはどのようなものがあるでしょう。

## 大多数の人が知っているけど、詳しいことはわからない仕事

　大多数の人が知っている　→　共通認識があるもの

　詳しいことはわからない　→　作る側の創造の余地がある


　現代では自分が知っている仕事以外はすべてこれに当てはまります。しかし逆をいえば誰もが自分の仕事はよく知っているので、筆者が創造で描けるものではありません。そこで、現代にはない仕事を考えることにしました。

## 現代にはない仕事

　大きく分けると、架空の仕事、昔の仕事です。

### 架空の仕事

　巨大ロボット建造／タイムマシンの作り方／忍術の習得／魔法の習得／天地創造

### 昔の仕事

　日本の築城／ピラミッド建造

**職業選択**

　クライアントは電子機器業界ということもあり、半端な知識で描くと怒られそうなので今回は未来系を除外。魔法の習得は少しマニアックすぎなので除外しました。

　海外展開もしているので、忍術の習得は外国向けで受けそうだが、ちょっと地味なので除外。天地創造は各宗教で違うのでこちらも除外。そこで候補を日本の築城とピラミッド建造にしぼりました。

**さらにリサーチ**

　2つの候補を調べてみると

日本の築城　　　→　思っていたより研究されていて、創造の余地があまりない。

ピラミッド建造　→　世界中が知っている。仮説はいろいろあるが、詳しいことはわからないので創造の余地がある。

　ということで、今回のPDCAで扱う具体的な仕事をピラミッド建造にしました。

## 実技編

　後からクライアントが編集できるように、パワーポイントで作ることにしました。長さは3分前後。

　最初に登場人物を考えます。

　主人公はピラミッド建設のプロジェクトリーダーです。最初の設定は現代人でしたが、後に現地の人に変更しました。作業する人たちも古代壁画っぽくしました。

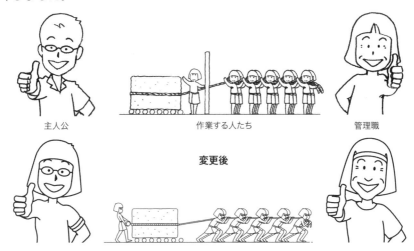

主人公　　　　　　　　　作業する人たち　　　　　　　管理職

変更後

## 仕事内容

　先にリサーチしてわかったことから、ピラミッド建造工程を4つに分け、そのうち2つにPDCAサイクルを当てはめる。

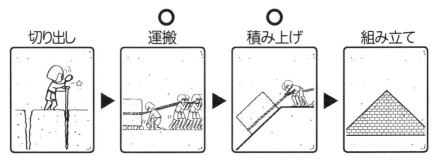

切り出し　　→　　運搬　　→　　積み上げ　　→　　組み立て

## 具体的な内容

### 運搬

切り出した石をより速く運ぶためにどうしたらいいか。

丸太と地面の間に入れる潤滑材をいろいろ試す

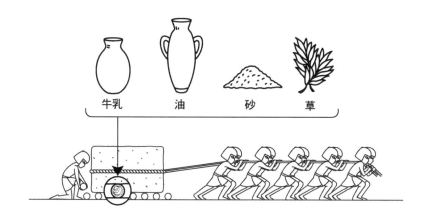

### 積み上げ

石の積み上げ工期を短縮するためにはどうしたらいいか。

新しい積み上げ工法「はねつるべ式」と「つりあげ式」を実験、検証する。

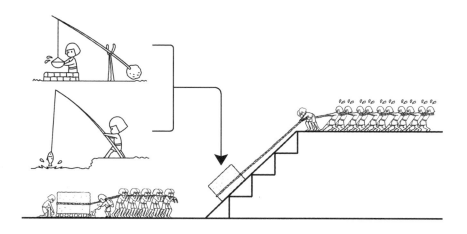

これをもとに全体を把握するために、サムネイルを作ります（右の図を参照）。パワーポイントのスライドのようなものです。

これをたたき台にして、クライアントと細かいところを詰めていきます。

OKが出たらアニメーション、エフェクト、効果音などを入れてムービーに変換します。

さらに動きや時間など微調整して仕上げます。

最後に英語に翻訳したものも作ります。

## 初期のサムネイル

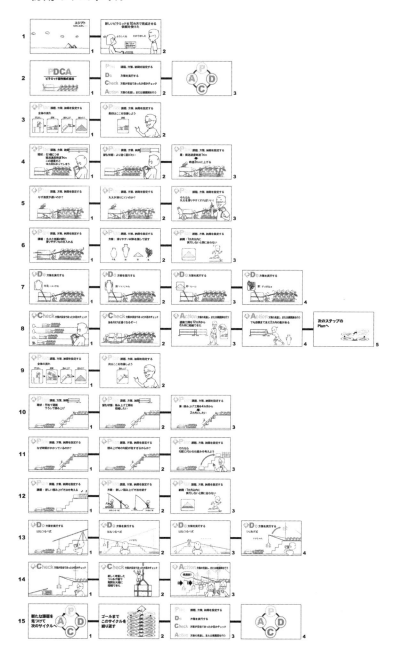

# イラストを使って、だれかに「なに」かが伝わる条件

　伝える相手とこちらに共通の認識があることが前提になります。

　あなたが部長に、AKBの今度のシングルのセンターの話をしても伝わらないかもしれません。あなたがおかあさんに、いま手がけているプロジェクトがいかにすごいか話しても伝わらないかもしれません。

　例をあげてみましょう。

　ここに「いろはかるた」の絵札があります。

　この時点で「いろはかるた」は知らなくても、「かるた」がどういう形をしていてどう遊ぶかを、これを読んでいるみなさんが知っていることが前提です。

犬も歩けば棒に当たる

論より証拠

花より団子

　このかるたは江戸かるた、「犬棒かるた」と呼ばれるものです。「犬も歩けば棒に当たる」と「花より団子」は、いま見てもわかりますね。

　なぜかというと、「犬」「棒」「当たる」「花」「団子」という具体的な絵にできるものや動作が含まれているからです。

　「団子」は外国の人たちにはわからないかもしれませんが。

　問題は「論より証拠」の「わら人形」です。

「論」も「証拠」も具体的な絵にできません。

　そこでネットで調べてみました。

　それによると、「人を呪い殺して、シラを切るつもりか？　え〜い！　このわら人形が何よりの証拠！　恐れ入ってきりきりと白状しね〜か！」というシチュエーションのようです。

　このシチュエーションの絵を見て、当時の江戸の人たちが「論より証拠」と了解したのは、その時代の共通認識があったということですね。

　イラストを描く場合も、使う場合も、この共通認識があるかどうかを考えてから、ということになります。

　かるたは文字や文章を絵にするときの発想のしかた、レイアウトのしかたの参考になります。みなさんも「わが家のオリジナルかるた」を作ってみてはいかがでしょう。

　46 枚あるので時間はかかりますが。

　もうひとつ、これは限定された共通認識の例です。

　ふつうの人が見るといろいろなギターが並んでいるだけにしかみえません
が、ロック好きの人が見ると、それぞれの星座生まれのミュージシャンが愛
用していたギターだということがわかるようになっています

# 第4章
## 【実践講座】
## 図とイラストを使うと
## このように伝わります

(1) 講師：出川通 (2) 講師：水島温夫／イラスト：REN

　ここまで簡単なイラストの描き方や図のつくり方、その活用法を解説してきました。

　この章ではそれらをビジネスシーンでどのように使いこなすか、実際の例を挙げながら説明していきたいと思います。

　2つのパートに分かれます。

　出川通が講師を務める (1) は、抽象的なビジネス概念を図式化して伝える事例です。豊富な事例から厳選してお届けします。

　水島温夫が講師を務める (2) は、イラストを使った伝達法を4つに分類して解説します。抽象的な概念が図と違ったイメージで具体化されるのがおわかりいただけると思います。

問題です
いまこの状況はどれでしょう?

①コメンタリー

②スローガン

③リストアップ

④比喩表現

## 実践講座（1） ビジネス概念を図式化して伝えます

講師：出川通

　ビジネスの概念は整理しないと明確に伝わりません

　実際のビジネスは複雑です。境界が明確でない場合も多く、区分けが明確になっているもののほうが少ないといっていいでしょう。特に新しい概念や新しい事業、新しい価値を追うようなイノベーティブ的なビジネスの場合はその傾向が強いといえます。

　それゆえに、AIや論理式では表現できないそうした部分に**ビジネスチャンス**がある、ということができます。ビジネスにおける抽象的であいまいな多様なイメージを、新しい概念や考え方、発想につなげていくには、抽象的な概念を具体的なイメージに変えること、すなわち図式化したり、イラスト化していくことが必要となります。また、**組織の方向性を明確**にし、**全員を動かす**にもこの図式化、イラスト化は有効です。

　第2章の基礎講座では、ビジネスにおける図の使い方、図式化方法を11のパターンに分けて解説しました。これは、これまで先人が努力して築いてきた方法をまずは学んでみるステージでした。

　この第4章の実践講座では、**より複雑で現実的なビジネス概念を図式化する方法**を、事例を中心に解説します。先の11パターンを組み合わせたり、イラストを加えたりして、よりリアルな表現を目指します。

## 抽象概念を図式化したビジネス事例

　ビジネスの現場では、下の図のように漠然としたイメージや抽象的な概念はあるのに、なかなか事態が進展しないことがあります。そうした状況を打開するには、もやもやとしたイメージに形を与え図式化することが必要です。以下では、ビジネス事例に基づいて解説していくことにします。

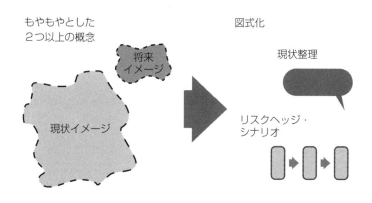

## A　ビジネス概念の図式化──３つの事例

　ここでは、抽象概念を図式化した３つの事例を紹介します。言葉だけで説明したときと、図式化したときの違いを比較していただければと思います。

### 事例①　能力開発のプロセス：個人や企業体（法人）の能力をいかに開発していくか

#### ▼図式化するにあたっての問題設定

　世の中の変化に対応して、個人や企業体（法人）はそれまでに身につけてきた以上の知識・知恵などを学んでいくことが必要です。しかし、新しい知識・智恵を受け入れようとしても、脳の部分（企業では経営や研究開発などの中枢組織）には容量制限があり、単純に詰め込んでいくと飽和してしまう可能性があります。

#### ▼言葉だけの説明

　ではどうしたらいいでしょうか？　言葉で説明すると次の３つの選択肢がありそうです（どれが一番いいかを選ぶものではありません）。

- 脳自体のキャパ（容量）を増やすべく、方向性を絞って努力する。
- 他人の助けを借りる、いわば別の脳を借用する。
- 脳のどこかに古い知識やいらなくなった知恵を捨てていく仕組みをつくり、飽和を防ぐ。

　言葉だけですと、３つの違いが直感的にわかりにくいのではないでしょうか。抽象的な概念なので、多くの人がこれを共有することができるか、不安があります。

#### ▼抽象概念を具象化して図に置き換える

　抽象概念を図式化してみます。「脳」と「知識・知恵」を、誰でも知っている具体的な物に置き換え、それを使って説明します。

図例　個人・企業体のキャパを拡げる：どうするか？

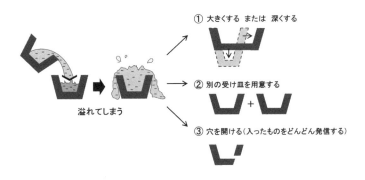

a.「脳」の容量（キャパ）を、バケツのような容器で表します。
b.「知識・知恵」を、水のような液体で表します。

#### ▼伝えたいことは一目瞭然

　図を見れば、どういう具体的な方向性があるか、直感的に理解でき、それ

を共有することが可能になります。あえて言葉で説明を追加すれば、さらに理解は深まると思われます。

• キャパを増やすには、入れ物そのものを物理的に大きく（広く、深く）していく。

→ビジネスでいうと、組織拡充ですね！　個人の脳では、使っていない部分の活用、すなわち自分で枠をつくってしまっている部分の開放・拡大となるでしょう。

• 別の入れ物を用意して、容量を増やす。他人の「脳」を使う。

→ビジネスでいうと、オープン・イノベーション型の他社の特許や工場、研究成果の活用（共創、協創）です。個人の場合は、「他人の頭をうまく使え！」となります。

③容器の底に水抜きのドレインを設けて、古くなった、あるいはいらない部分を流して、新しい水がはいるようにする。

→ビジネスでは、古い体質を捨てて、構造改革、組織改編、意識改革、リストラクチャリングを実行することです。個人ですと、陳腐化した固定観念や知識を廃棄し、新発想、既存概念の転換、整理整頓の必要性ということになります。

　こうして図式化した結果、３つの選択肢のなかでどれを選択するか、あるいはほかに方法はないか、などの議論やさらなる展開が可視化された形で実行できます。

## 事例②　ハイテクとローテクを組み合わせて世の中にない新商品をつくる
### ▼図式化の概要
　新事業・新商品を創り出すときは、新しい技術（ハイテク）だけでも、既存の古い（確立された）技術（ローテク）だけでもダメで、両者をうまく組み合わせて使うことが求められます。これは実践的な MOT における技術のマネジメントの定石的なポイントです。

## ▼言葉だけの説明

　言葉で「ハイテク」、「ローテク」というと、人によってイメージが異なる可能性があります。

①「ハイテク」は先進技術、先端技術、未踏技術などを指します。特許化されている、あるいは出願中の技術です。新しいのでデータの蓄積もまだほとんどなく、使用するにあたってはハイリスク・ハイリターンの技術だといえます。

②「ローテク」は古い技術、基盤技術、既存技術、汎用技術、旧来技術などです。しっかりとしたものが多く、信頼性や安全性も高いものが多く、だれでも真似したり使うことができます。その代わり使用するにあたってはローリスク・ローリターンの技術ということができます。

## ▼抽象概念を図式化

　これを図式化すると、以下のような２つの図になります。

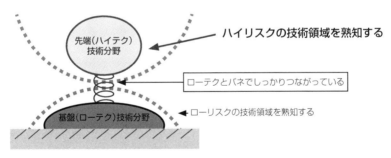

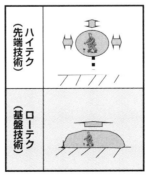

a.「ハイテク」は、下の図のような"風船玉"のイメージにしました。この技術は変化に富み動きやすいのですが、地に足がつかずどこかに行ってしまう危うさがあることを示しています。

b.「ローテク」は、下の図のような"地べたにはりついたお餅"のイメージです。べったりと地面（現状）に密着していますが、それ自体は動きづらく、変化もおこりにくい、しかしがっちりと地に足がついた安定したイメージです。

　この２つを組み合わせたのが、上の図です。

　実際の新事業、新商品開発では、ハイテクとローテクの結合が必要です。これを具体的なイメージをつかって図式化しました。イラスト的な要素も加味してあります。

### ▼図式化の効果

　具体的な図によって、ハイテクとローテクの特徴と組み合わせた具体的なイメージを理解・共有化することができます。その結果、どういう選択があるのか、あるいはほかに方法はないか、などの議論やさらなる展開が可能になっていきます。

### 事例③　事業化プロセスにおける障壁──「魔の川」、「死の谷」と「ダーウィンの海」

### ▼図式化の概要

　企業における研究や開発の成果を事業化、商品化していくプロセスは、わかっているようでわかっていないといえます。特に大企業ではあらゆるところで役割分担がすすんでおり、なかなか全体を見渡すことがむずかしくなっているからです。この結果、「魔の川」とか「死の谷」とか、「ダーウィンの海」と呼ばれる障壁が生じてきます。それぞれの障壁とステージの関係を明確にしておかないと、共通の議論は成り立ちません。ここでは、研究から開発、事業化、さらに産業化までのプラットフォームの可視化＝図式化について述べていきましょう。

## ▼言葉だけの説明

　研究や開発の成果を事業化、商品化していくプロセスに関して、それぞれのステージを設けてあります。これは、研究ステージ、開発ステージ、事業化ステージ、産業化ステージと呼ばれます。これらのステージの間に障壁としてたちはだかっているのが、各種の川、谷、海と比喩的に表現されます。

　言葉の定義は次のとおりです。

- **魔の川とは**：研究ステージと開発ステージの間に存在する障壁です。研究を完了しても開発のターゲットが決まらないときに発生します。
- **死の谷とは**：開発ステージは完了した（製品はできた）ものの、事業化ステージに至らない（商品にならない）ときの大きい障壁を示しています。
- **ダーウィンの海とは**：事業化ステージが完了しても、産業化ステージにはいれないことを言います。いわゆる競合相手がでてくる場合などです。

## ▼具象化して図に置き換える

　上記の内容を図式化していきましょう。

　まず、それぞれのステージ、障壁を図としてあらわしたのが下の図です。

　さらにそれぞれの図に具体的な地域の特徴的な自然物に置き替えたのが右の図です。これにはすこしイラストの要素が入っています。

### 図例　事業化・産業化へのステージと障壁

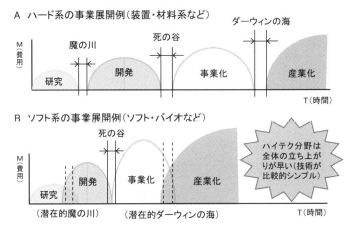

① 「**魔の川**」は一見、浅くて簡単に渡れそうですが、ところがどっこい春の川のようで意外と水量も深度もあり、簡単に考えていると流されたり、おぼれたりします。研究と開発の違いを理解して渡りましょう、という比喩です。
② 「**死の谷**」は、もともと米国でイメージされたもので、シリコンバレーの横にある砂漠を死の谷といいます。一度入るとなかなか生きて出られないという比喩から転用されたものです。
③ 「**ダーウィンの海**」は、実際に北部オーストラリアのダーウィン市に存在する湾に名付けられたものです。潮の満ち引きが激しいうえ、サメがいるなどの生存競争が厳しい状況を比喩したものといわれています。

▼想定される効果

　技術をベースに事業化していく場合の標準的なプラットフォームとして、4つのステージと3つの障壁をまとめてイメージできます。それぞれのステージや障壁の違いと位置づけが明確になります。その結果、自分たちはどのような状況にいるか、抜け出す方法はないか、などの議論が可能になります。

## B　時系列変化を図式化する３つの事例

　ここでは、ビジネス概念の時系列的な変化を図式化します。すなわちプロセス的な概念をわかりやすく表現した図になります。これを３つ紹介しましょう。

### 事例④　パラダイムシフトに伴う組織（と個人）の環境適応
#### ▼図式化の概要

　新事業・新商品を創り出そうとするときのポイントは、旧来の大きな組織でのイノベーションは難しいため、環境変化に機敏に対応して動ける小さな組織が必要になるということです。時代の変化とともに、組織の規模による適・不適を直観的に理解することが求められます。さらに「パラダイムシフト」と呼ばれるような大きな時代の変化においては、対応を時系列的に捉える因子が入ってきます。


#### ▼言葉だけの説明

「大企業（大組織）」と「中企業（中規模組織）」「小企業（小規模・零細企業)」「個人」さらに「ベンチャー企業」が、環境と対応してどのように変化するかを可視化、共有化することが組織設計には必要です。

- 「大企業（大組織）」
- 「中企業（中規模組織)」
- 「小企業（小規模・零細企業)」、さらに「ベンチャー企業」「下請け的な企業」
- 「個人」

　これだけですと、変化が表せません。


#### ▼抽象概念を図に置き換える

　抽象概念を図式化すると、下の図の stage0 になります。組織体をイメージ的に３つの大きさの「○印」で表現します。ベンチャーは「★」、個人は点「・」として比較できるようにします。下請け関係は従属関係を「＝」で示します。

## ▼時系列的な動きを表す

　ここに時系列的な変化を加えます。左の箱が旧来のビジネス環境条件（旧パラダイム）、右色の箱が新しいビジネス環境（新パラダイム）を示しています。Stage が０〜４に移行するという変化も表しています。

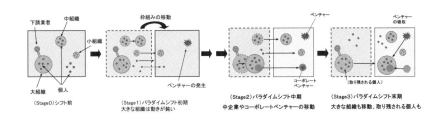

**Stage 0**　現在の環境のなかで、いろいろな組織体が共存し、すべてがバランスをとって定常状態として生きています。

**Stage 1**　変化の起こり始めの時期。過渡的な環境のなかでの各企業の状況を比較します。パラダイムが変化するに従って、各組織とも移行しようとしています。小さくて動きやすい個人や小企業は移行可能です。移行が進まないときは、必然的にベンチャー企業のような小さくて新しいパラダイムに適応した企業体も発生してきます。

**Stage 2**　変化が終了し始める時期に、各組織の状況を比較する図です。小規模な組織体はすでに移行が完了し、移行できなかったところは消滅（破綻）しています。中規模の企業は、移った企業とまだ移っていない企業に二極化しています。大企業は全体としては動けませんが、移ろうと努力し始めています。一部の組織部分を切り出して移行実験（コーポレートベンチャーや新プロジェクト）しているところもあります。

**Stage 3**　未来の安定環境のなかで、それぞれの動きやすい規模の組織が活躍している図です。ここでは右のパラダイムがベースになっています。左では適応できなかった中小企業などは消滅しており、一部の大企業が政府の補助金をうけて生き残っているなどの模様がみられます。

### ▼最終的な効果

　イノベーションの時代には大企業が時代遅れになりやすいことが、よくわかる図となっていると思います。環境と自社の特徴をここに重ねて理解・共有化することが可能になります。

「ではどうするか」ということで、いろいろな議論が発生するでしょう。大きな企業を中小系の企業規模に分割する、さらにそこからコーポレートベンチャー的な小さな組織を作り出す等々といった方策が検討されることになります。

### 事例⑤　研究・開発から事業・産業化へ、4つのステージにおけるマネジメント

### ▼図式化の概要

　ここでは③で作成した「事業化・産業化への4つのステージと3つの障壁」という考え方をさらに展開させます。ポイントは、それぞれのステージで新事業・新商品を創り出すときのマネジメントは具体的にどうしたらいいのか、ということになります。

### ▼言葉だけの説明

「研究ステージ」、「開発ステージ」、「事業化ステージ」、「産業化ステージ」のマネジメントを言葉で表現すると下記のようになります。

- **研究ステージ**では、新しい技術要素の発見、発明が主なミッションです。ここのリーダーは、新しいものを見つけるための発散型のマネジメントが必要になります。
- **開発ステージ**は、そのステージの終了時には製品ができていることが出口です。そのため、製品開発を完了させる収束型のマネジメントが必要となります。
- **事業化ステージ**は、顧客の初期ニーズに合わせてマネジメントする重要なプロセスです。事業化ステージに至らない、つまり商品にならない事例が多いという現実があります。「死の海」という障壁がいかに大きいかということを示しています。

• **産業化ステージ**では、大きく購入してくれる顧客向けに大量生産方式で製造していくことになります。

## ▼図式化の実際

　それぞれのステージにおけるマネジメントの具体的な概念をマネージャーの動きで示していきます。各種技術要素として□○△などを、また方向性を実線、点線、矢印などを使って可視化し、説明することになります。

### 図例　事業化への各ステージにおけるマネジメントと評価イメージ

　a　**研究ステージのマネジメント**：このステージでは、技術の発見、発明のために試行錯誤してみるという発散のモデルをつくりました。矢印が発散しています。

　b　**開発ステージのマネジメント**：ここは製品を作り上げるステージですので、顧客ニーズに応えるべく技術を収束させていきます。これをイメージして各技術の矢印は収束へ向かいます。不要な技術は中途で止める（×）場合もあります。

　c　**事業化ステージのマネジメント**：このステージでは製品を商品にするため、もう一度顧客と打ち合わせし、その適合性を把握するイメージを図式化しています。

d　産業化ステージのマネジメント：ここは、顧客ニーズとのマッチングがみつかって、どんと一極集中の投資をおこない、一気に産業化をすすめるイメージです。

### ▼時系列的な動きのポイント

　時系列的な変化は、それぞれのステージごとに枠をずらすことで表されています。

　それぞれでマネジメントが異なる理由は、進化の内容が連続的か、悲連続的かによります。階段状のイメージをつくると、段差は実現の困難度を示します。

### ▼最終的な効果

　4つのステージごとのマネジメントのスタイル部分と評価のイメージの推移を、全体を俯瞰しながら共有化することができます。階段の落差で不確定性さを示すので、それぞれのステージと障壁の違いが明確になります。

　これをベースに、自分たちの状況把握、障壁の脱出方法などの議論が可能になります。

## 事例⑥　独立・起業するとき、個人に起こる環境変化

### ▼図式化の概要

　企業などの組織体に勤めるサラリーマンが、独立・起業するときに起こる環境変化を可視化します。わが身に起こる出来事を実感として理解していただく図です。

### ▼言葉だけの説明

「組織とのかかわりとその中にいる自分」という抽象的な概念になります。

• **まずはサラリーマン時代**：組織に守られ、安心して分担した業務に励むことができます。外部のいろいろな出来事から守られていますが、管理され、自由になりにくいイメージです。

• **独立・起業を決意する**：それまでの制約条件がはずれることが、希望とし

て感じられます。あれこれ言う上司や規則からの自由度が増すことが、うれしい光となります。

- **独立・起業をスタート**：実際にスタート準備とすると、自由で独自にいろいろ活動できるのですが、外部との接触や課題、懸案事項、手続きなど全部を自分で行なう必要があります。これまでパスできた雑用が一気に増えてきます。

- **独立・起業を完了した状況**：いろいろと準備して実際ビジネスをスタートしてみると、あてにしていた想定顧客が見込み違いだったりするなど、想定外の出来事がいろいろと発生します。安定を確保するまでは、綱渡り状態が続きます。

**▼抽象概念を具象化して時系列的な経緯もわかる図に**

　環境条件と組織を立体的な箱とします。その中にいる自分を簡単な人形とします。時系列的な推移に対応した図です。

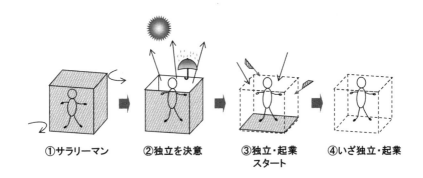

①サラリーマン　②独立を決意　③独立・起業　④いざ独立・起業
　　　　　　　　　　　　　　スタート

① **サラリーマン時代**：箱の中に閉じ込められた個人。外部に関係なく、箱の壁が守ってくれるのでその中は、安全・安心です。

② **独立・起業を決意**：天井部分がとれて、明るい光がさんさんと差し込んでくるイメージです。雨も降りますが、まあ傘で防げる範囲だというイメージです。

③ **独立・起業をスタート**：天井だけでなく、横の壁もなくなってきます。壁がなくなるので、顧客の声を直接聞いたりするという、ニーズを聞ける、

状況を明確に把握するチャンスともなります。しかし外部の問題が全部、直接ふりかかってきます。

④ **独立・起業を完了**した状況は、屋根も取れて、壁もとれますが、実は床も抜けています。この状況が完全に独立して自由な状況です。まったくの不安定状態ともいえますが、どこでもなんでもできるという完全自由の状態といえます。

## 実践講座（２）　ビジネスの肝をイラストで伝えます

講師：水島温夫

### はじめに

　ここでは、イラストを使ってビジネス上の課題をどのように伝えるかを、４つのカテゴリーに分けて説明していきます。

1　コメンタリー：説明したいことについて、さらに理解を深めてもらうための補足としてイラストを使っています。
2　スローガン　：伝えたい中身を一言で言いきり、それを強調するために、ことばと一緒にイラストを使います。
3　リストアップ：イラストの中に伝えるべき要素を組み込み、一目で課題等がわかるようにしています。
4　比喩表現　　：イラストは伝えたい内容の「たとえ」となっています。

　以下の事例は、どれもビジネスの実際を想定したものです。それぞれ具体的な解説も加えていきます。

## 1　コメンタリー①

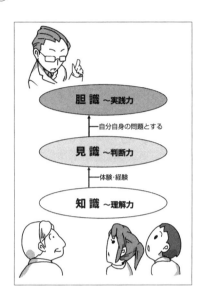

### 「実践力」を階層的に解説する

　社長は社員に対して行動力、実践力を高めてもらいたいと思っていますが、単に「実践しろ」と言っても、社員の実践力が高まるわけではありません。そこで、昭和の哲学者である安岡正篤の言葉を使って実践力をわかりやすく解説します。

　知識は本を読んだり、人に聞いたりして獲得するもので理解力のもととなります。

　見識は知識に自らの経験、体験が加わったもので、判断力の基礎となります。しかし、見識レベルは論客にはなりますが、自ら率先して行動は誘発されません。

　自分が崖っぷちに追い込まれるか、自らを追い込み自分自身の問題としないかぎり、行動、実践を誘発する"胆識"は獲得できません。"胆識"こそが実践力の根幹なのです。

　イラストで「知識」「見識」「胆識」を階層的に見せることで、ビジュアル的にわかりやく伝えることができます。

# 1　コメンタリー②

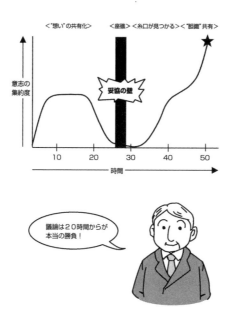

## 「妥協の壁」を突破する方法を解説

　チームで、製品コンセプトやビジネスモデルを策定することが少なくありません。しかし、必ずしも全員が満足するようなものをつくれずに、妥協の産物のような結果に終わることが多いのではないでしょうか。

　その原因は「妥協の壁」の存在です。

「**妥協の壁**」は、ある程度議論が進み、大きな課題、越えられそうもない組織の本質的な課題が見えたころに現れます。議論を始めてから累計でおおよそ20時間を経過した頃です。

　ここで多くの場合、メンバーは初心を貫くことなく、周囲に合わせて妥協して落としどころをきめてしまうのです。

　この「妥協の壁」を認識して、**その壁が見えてからが本番**と認識することで、真に納得できるものを共有することができます。

　**50時間くらい議論する覚悟**が必要です。

## 1 コメンタリー③

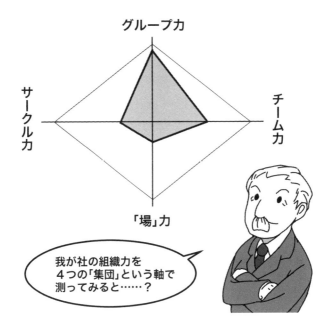

グループ力

サークル力

チーム力

「場」力

我が社の組織力を
４つの「集団」という軸で
測ってみると……？

### 「組織力」の解説

４つの要素を軸にして、レーダーチャートで示すことで、**組織特性と組織力をわかりやすくビジュアル化**できます。

**第一**は「**場**」**力**です。社内外にどれくらいのインフォーマルな場を社員が持っているか。組織の生きた情報力でもあります。

**第二**は**サークル力**です。同じような問題意識を持ったメンバーが集まり、問題解決の方法を議論します。組織の企画力といえます。

**第三**は**チーム力**。目標を役割分担して実現する具体化力です。

**第四**は**グループ力**。一丸となって組織を存続させる力です。

**強い組織**は、これらの**４つの力がバランスよく保持**されています。「場」でキッカケをつかみ、サークルで企画し、チームで実現、そしてグループの進化が繰り返されています。

## 1　コメンタリー④

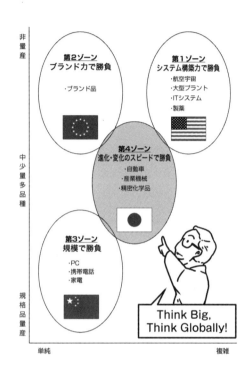

## 「グローバル視点」で大きく考えることの必要を解説

　社員に世界の競合企業といかに**戦い、勝つのかを解説**したイラストです。

　世界で元気な企業を分類すると大きく**４つの事業ゾーン**に分かれます。

　第１ゾーンは大型システム構築が得意な企業で、米国企業が強い。

　第２はブランド構築が得意な企業で、強いのは欧州の企業。

　第３は量産の規模で勝負する企業です。中国など新興国の大企業が強い。

　第４は品質や機能性能などの中身の進化のスピードで勝負する企業です。日本企業が非常に強いゾーンです。

　世界を相手に勝負するためには、このような４つの事業ゾーンの**どこで戦うのか、どう戦うのか**を考えなければなりません。世界で存在感のある事業、企業となるために Think Big. Think Globally でなければならないのです。

## 2 スローガン①

**「提案営業」をアクティブ・ソリューションというスローガンで伝える**

　営業マンの重要なスキルとして**提案営業のレベルアップ**が叫ばれています。

　しかし、提案営業の中身については、企業ごと、部署ごとでバラバラの状態です。提案のための準備に手間暇かかる割には利益が出ないなどという不協和音もでています。何とかして効果的な提案営業を実践しなければなりません。

　そこで「アクティブ・ソリューション」というスローガンです。

　アクティブの意味は能動的ということで、**これまでの受け身の対応から脱却する**ということ。また、ソリューションの意味は、**顧客の問題を先取りして、その解決策を提案する**ということです。

　スローガンは行動を誘発するものでなければなりません。同時に単なる掛け声ではなく、ポイントを抑えたものであってほしいと思います。

## 2 スローガン②

### 「粘り強い試行錯誤」を逸話で伝える

　小野道風が書道に行き詰っていたある雨の日に、カエルが柳の枝に何度も
繰り返し飛びつく姿を見かけました。道風は「柳は離れたところにある。蛙
は柳に飛びつけるわけがない」と思っていました。すると、たまたま吹いた
風が柳をしならせ、蛙はうまく飛び移ることができました。「己の努力不足
に気づく」という有名な逸話を活用したイラストです。

　開発の成功要因として多くの事例が示すのは、困難の中にあっても諦めず
に継続したことです。**粘り強い試行錯誤**は、新規事業を始めとする先行モデ
ルのない開発活動では非常に重要。「**ルーチン行動を繰り返せ！**」というス
ローガンは、何度も何度もあきらめずに定石通りのやり方で、繰り返し繰り
返しチャレンジせよということになります。

## 3 リストアップ①

日本企業の本能

### 「社長のつぶやき」で企業特性をリストアップして伝える

　自社を含めた日本企業の特性を、後ろ姿の社長がつぶやいているイラストです。

　**日本企業**は海外企業とは全く異なる**行動特性**を持っています。

　第一は顧客の言うことを100％きくということ。まさにお客様は神様なのです。しかし働き方改革の中で変えざるを得ない状況にあります。

　第二は目の前の製品や、製造プロセスを絶えず改良改善し続けるということ。全体よりも目の前の部分を磨き続ける特性があります。

　そして第三は、全員で情報を共有化するのがあたりまえになっていること。日本企業ほどメールにCC（写）が多い国はないそうです。

　社長が後ろ姿でつぶやいているのは、これらの日本企業の特性が**今後の自社の経営に与える不安**です。

## ３ リストアップ②

### 「会議のシーン」で問題のポイントを伝える

　一つのイラストで、**経営における問題点**をわかりやすくリストアップした
ものです。

　中心に本質的な問題点として、「なぜ売り負けているのか」「なぜ利益が出
ないのか」を示しています。その問題状況に対して、会議のメンバーがそれ
ぞれの役職の立場での考え、心の叫びをリストアップします。

　**部長は**組織に元気がないことをあげています。ボトムアップ型経営の日本
企業にあっては本質的な問題です。**課長は**経営戦略が不十分であることを指
摘しています。日本企業共通の問題です。**一般社員は**シナリオなきガンバリ
ズムでの疲弊を訴えています。経営陣が方向性を示して旗を振るだけ、現場
に丸投げして、現場が考え実行する、という日本企業の問題点を描いていま
す。

## 4 比喩表現①

### 「巨大石」を過剰な社内管理に例える

　欧米型の厳しい管理型経営が日本企業に急速に浸透しています。ＩＳＯ、コンプライアンス、ＣＳ、その他細かな内部資料づくりに多くの時間をとられています。日本企業の生命線ともいえるスピーディできめ細かな動きが社員から消えてしまいました。

　営業マンも例外ではありません。営業マン本来の仕事である提案営業や顧客サービスなど、お客様に向けた検討や行動のための時間がとれません。

　イラストでは、そんな社内向け資料作りで**がんじがらめになっている営業マン**の姿を描いています。昨今の**過剰な管理体制**を、ちょっとやそっとでは動かすことのできない巨大な石に例え、その巨石に付けられたロープで体をぐるぐる巻にされて本来の動きができない営業マンの叫びを表現しています。

## 4 比喩表現②

### 「ゆでガエル」で迅速な意思決定の重要さを伝える

　経営戦略の分野では、**意思決定の遅れ**を「ゆでガエル」の比喩を使って論じることがしばしばあります。いきなり熱いお湯の入った鍋にカエルを入れると、カエルはあわてて外に飛び出し自らの危機から脱することができます。一方、ぬるい水の入った鍋に入れてゆっくり温度を上げていくと、カエルはまだ大丈夫と油断してしまいます。いよいよ我慢できなくなって飛び出そうとしたときには、すでに足の筋肉が熱で動かず、茹で上がってしまうという話。企業経営において事業環境が急変するときにはそれなりの対応をしますが、**徐々に、しかし確実に変化するような状況**においては、経営の意思決定が遅れ、いざ対応しようとしたときには手遅れ状態になることが多いのです。

## 4 比喩表現③

### 「山登り」で粘り強い試行錯誤のイメージを伝える

　製品開発や営業開発など、何か新しいこと、革新的なことを実現する過程においては多くの失敗が不可欠です。残念なことに、多くの日本企業には「挑戦しろ！　しかし失敗はするな！」という風潮があります。そこで、このイラストでは、**失敗は成功の母**であることを「山登り」を例えに表現しています。

　重要なのは明確な目標であり、山登りであれば山頂が目標です。その山頂に向けて色々な道筋がありますが、それを試行錯誤していくわけで、失敗は計算のうちなのです。

　ブレない目標があることで、多くの失敗をしても心がくじけることなく、試行錯誤を継続することができる。**失敗を重ねても継続することが成功へのルート**であることを示しています。

## ４ 比喩表現④

## 「スポーツ」の比喩で個人力と集団力の重要さを伝える

　企業の組織力を高めるための本が多数出版されています。その多くは野球、サッカーなどスポーツにおけるチーム力構築に学べと言うものです。最近ではラグビーのワールドカップで「ワンチーム」という言葉が流行しました。テニスや卓球、フィギュアスケートなど日本が世界で強いスポーツも人気です。

　これらは基本的に個人力です。企業にとっては個人力アップも重要な課題です。専門性を高めよ、社員のプロ化を勧めよとばかり、スキルアップ研修にも大きな力を注いでいます。一方、企業経営には個人力と集団力の両方が重要です。

　本イラストでは、**個人力をフィギュアスケート、集団力をシンクロナイズドスイミングに例えて、両方の人材育成の必要性**を伝えています。

## 4 比喩表現⑤

## 「レゴ」と「粘土」を比喩に、モノづくりの手法の違いを伝える

　モノづくり世界一を誇る日本企業ですが、諸外国のメーカーといったい何が違うのかを知る人は多くありません。これは、手法の違いを、「レゴ」と「粘土」を例えにして説明したものです。

　**欧米のモノづくりは「レゴ」型**といわれ、はじめにブロックを組み合わせたような設計図をつくり、それをくみ上げていきます。一方、**日本のそれは「粘土」型**といわれ、まず大まかに形をつくって、関係者がそれを目の前にして、互いに考えを擦り合せて協力して細部までつくり込んでいくものです。

　それぞれに長所短所があります。「レゴ」型は規格品を効率よく生産できます。「粘土」型は高品質できめ細かな対応ができます。重要なことは、日本と諸外国では、**考え方、やり方に大きな違いがある**ことを認識することです。

## 4 比喩表現⑥

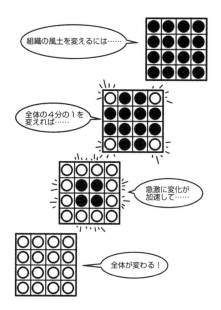

組織の風土を変えるには……

全体の４分の１を
変えれば……

急激に変化が
加速して……

全体が変わる！

## 「オセロ」で組織風土の改革の手法を伝える

　組織風土改革は多くの企業の課題ですが、一朝一夕にできるものではありません。一つの手法として「クォーター・マネジメント」と呼ばれる方法があります。

　クォーターは文字通り四分の一、25％のこと。日本社会では３が好まれる数値ですが、欧米では学校も４学期、コインも４分の１ドルなど、４が好まれています。

「クォーター・マネジメント」は、風土改革や事業改革など企業の中身を大きく変えるときは、**まずその四分の一を変えなさい、すると全体に波及します**よ、というものです。

　イラストではオセロゲームを例えに、企業における**組織風土改革のプロセ**スを表現しています。オセロゲームという多くの人々によく知られたゲームを比喩に使うことで、わかりやすい表現になっています。

## 4 比喩表現⑦

"形"　＋　"動き"　＝　"姿"

### 「忍者」で社員の"動き"の重要さを伝える

　日本発の「忍者」は世界で大きな人気を集めています。忍者は黒装束に身をかため、背中に刀を背負うという独特の"形"がひとつのアイデンティティーになっています。しかし、忍者を忍者ならしめているのは、その"形"だけではありません。

　もう一つの重要な要素はその"動き"です。音もなく屋根を素早く走ったり、バック転の連続、壁にへばりついて移動したりします。**"形"と"動き"を合わせて姿と定義**してもいいでしょう。

　社員も一人ひとりが個性的な姿を持ってほしいと思います。営業や技術者という分類は、一種の"形"です。そこに**他者とは違う"動き"をつける**ことで、**特徴ある個人としての姿をつくる**ことができます。社員一人ひとりが「忍者」的な"動き"を持ってもらいたいものです。

## 4 比喩表現⑧

### 「壁」で自社の弱点を伝える

　多くの日本企業は相似形的な**３つの弱点**を持っています。

　第一は企業が成長して規模が大きくなると、マネジメント不全に陥り、海外企業に買収されたり、衰退したりします。**規模音痴**なのです。

　第二は大きなシステムづくりが苦手です。ＩＴ関係、プラント関係などに顕著で、**システム音痴**です。

　第三はブランドづくりが下手ということです。特に高級ブランドづくりは欧米企業に比べると大きく後れをとっています。**ブランド音痴**と言ってよいでしょう。

　イラストでは、このような日本企業の３つの音痴を、わかりやすく「壁」を例えに表現しています。社員が一生懸命３つの壁を超えようと努力していますが、その道は険しい。

　**弱点を伝えることで、安易な事業構想に走ることを防ぐ**ことができます。

# 第5章
# 【エクササイズ】
# イラスト式新発想を生み出す
# 「紙上セミナー」

講師：伝工房

　　1、2章でイラストの描き方、図の使い方、3、4章でその応用と実践例を解説してしました。 この章では、それらのテクニックを使って「 新発想」を生み出す実践方法を提案したいと思います。 実際に手を動かし、イラストや図を描いていただきます。

　　1章と同様に紙と柔らかいエンピツをご用意ください。実践的なビジネスセミナ ーを開催したいと思います。

## 新発想を生み出すための「4象限シート」

　ここでは、抽象的なことば、ビジネス的な概念、あいまいなイメージ……
といった、漠然とした「もの」や「こと」を、具体的なイラストや図に落と
し込む練習をします。

　とはいっても、いきなり「この概念をイラストにしてください」と言われ
てもとまどってしまうことでしょう。

　イラストを簡単に描くワザは1章で、ことばをイラストにするコツは3章
で解説しました。また、図については種類で用途別に分類し、ビジネス的な
使用実例を2章で説明し、図を使って抽象的な概念を明確化する方法を4章
（1）で解説しました。でも、読んで理解したからといって、すぐに実践でき
るとは限りません。

　そこで"お助けツール"を用意しました。

　それが右のページにある「4象限シート」です。

　このシートにイラストや図を描き込むだけで、抽象的な概念が具体化する
はずです。

　逆にいえば、具体的なものを考えないと、イラストや図はできないのです。
否が応でも新しい発想にならざるをえません。

### 「4象限シート」の使い方

#### 1　テーマを設定

　テーマは「リーダーシップ」「マーケティング」「イノベーション」「新規
事業」「中期経営計画」「開発行動」など。サブテーマはより具体的な内容を。
それぞれプロジェクトのミーティング、セミナーや研修、それぞれの状況に
応じて決めてください。

#### 2　A~D それぞれの枠の中に、イラスト・図を描き込む。

A　サブテーマで考えた内容を表現するために、どのようなイラストや図絵

## 4象限シート

テーマ：＿＿＿＿＿＿＿＿＿＿＿　　サブテーマ：＿＿＿＿＿＿＿＿＿＿＿

| A シンボル化 | B 理想 |
|---|---|
| C 現状 | D 実現の手段 |

を使うのか考え、描いてください。最初は他の項目を描きながら、描き
足していってもかまいません。

B　こうなるといいというイメージを描いてください。理想や目的・目標を
　　明確化します。

C　現状はこうなっているという様子をBの理想とのギャップを意識して描
　　いてください。

D　実現の方法・手段を描いてください。

　時間を限って実行するといいでしょう。30分くらいが目安です。

　3章のイラストのテクニックや4章のビジネス事例なども参照しつつ、自
分の発想で自由に描いてください。まったく新しい発想が生まれたり、忘れ
ていたことなどが思わず再発見できたりすると思います。

## 2 発表・ディスカッション

決めた時間が経ち、描き終わったら、このセミナーに参加した人がひとりずつ自分の「作品」を発表しましょう。参加者が多数で、講師やリーダーがいる場合は、その方がみなさんの作品を集約して、発表する人を決めてください。

**なぜそのような「絵」になったのかを説明**してください。

絵や図が上手くできなくても、それを非難してはいけません（上手くて感心した場合は大いにほめましょう）。また、その考えについて否定しないでください。アイデアの芽を摘んでしまうことになります。いわゆる「ブレスト」のマナーでディスカッションしてください。

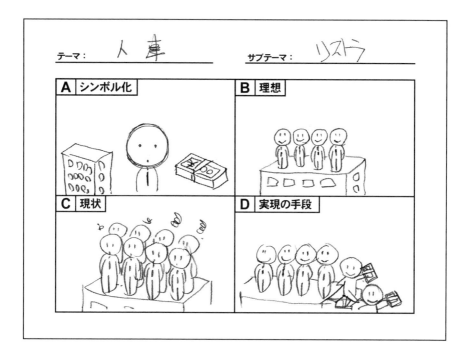

具体的な例を上げてみましょう

上は、私たち伝工房が開いたセミナーでの例です。お手本とは限りません。テーマは「人事」、サブテーマは「リストラ」です。

A　シンボル化するため、「会社、会社員、札束＝会社のお金」という具体例を思いつきました。

B　ありうべき姿はスリム化したいという絵です。

C　現状は「人余り状態」。

D　実現のための方法・手段は、早期退職者を募り、退職金を払って退職してもらう、という方策です。いささかギビシい内容で、目新しいアイデアではありませんが、具体的な方法を示すことができました。

130

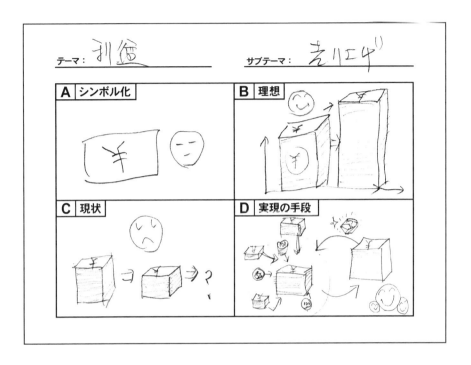

例：テーマは「利益」、サブテーマは「売り上げ」です。

A　利益は売り上げと似ていて、お金という数字で表現できますが、そこに、経営者・従業員などの人間の満足、不満足などの感情もはいってきます（金額の絶対値や増減額などは人によって満足・不満足の判断維準は異なります）。

B　利益は多ければ多いほどうれしいですが、増えてくるともっと嬉しい（満足度が増大）。

C　現実は厳しく、わずかの利益しかでていない。それも色々清算すると、減っていってしまうのが寂しい（不満足）。

D　経営者としては、利益を上げて、絶対額も増やすべく不要不急の資産などは売り払って、利益を増やすことに集中します。すると、従業員も株主も喜んでくれます。

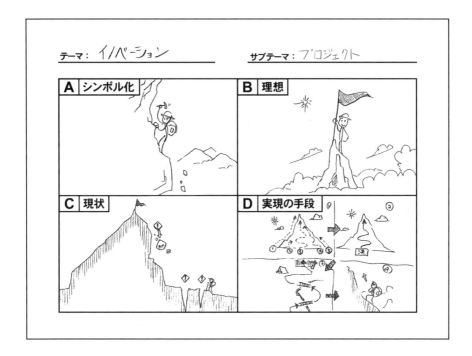

こちらのテーマは「イノベーション」、サブテーマは「プロジェクト」です。

A　イノベーションの過程を「登山」に例えることにしました。

B　山頂への到達＝イノベーションの達成というイメージです。

C　現状は山のふもと＝プロジェクトの初期段階、さらに道中には障害がいくつもあります。

D　複数のルートを想定し、障害を乗り越える算段を立てるなどして登山計画を練ります。

テーマは無限にあります。

たとえば「コンプライアンス」「会議のやり方」「社の理念」等といった身近な問題から、ビジネスに限らず「国家の財政赤字」「異常気象」等といった問題まで、さまざまなテーマについて議論してみてください。

しかし、「総論賛成、各論反対」という議論はいろいろな局面で起こりがちです。そういうとき、この「4象限シート」を使ったアイデア出しをおこない、議論を明確化し、具体的につめていってください。きっと「新発想」が浮かんでくるでしょう。

## 【エピローグ】
## イラスト化＋図式化が、ＡＩ時代の発想・伝達を変えます

　これまで、ビジネス面での概念をイラスト化・図式化することによって明確にできることを、実際のビジネス・マネジメントの実践例を用いて示してきました。さて、皆さんの実際の抽象概念を具体化するという応用は進みそうでしょうか？　ここで、エピローグとして、**今後のビジネス上にどのような効果が期待できるか**、整理してみましょう。

　イラスト化・図式化についてはさまざまな視点が考えられますが、ビジネス面に絞って考えると、次の３点が大切だと考えています。

① **新しい発想の展開拡張**……既存概念から脱却、イノベーションへ
② **生み出された発想の共有化、伝達**……新しい概念の明確な伝達
③ **ＡＩ（人工知能）にできないアナログな発想や行動**……脳のトレーニング

　それぞれの視点について、簡単に解説します。

　まずは①「**新しい発想の展開拡張**」ですが、これは**ステップを経て、イノベーションの下地になる**ものです。
　抽象概念をイラスト化・図式化することにより、既存概念の枠組みが整理されて明確になり、これを共有化することが可能になります。
　するとそこで何が問題なのか、超えるにはどうしたらいいか、という議論が起こり、具体的かつ創造的な発想ができるようになります。
　これは**既存概念からはみ出す第一歩**であり、ひいてはイノベーションにつながっていくものと考えられます。

　②は「**生み出された発想の共有化、伝達**」です。①で生まれた**新しい概念**は具体的な図やイラストですから、明確ですし、共有しやすいという特徴があります。抽象概念は、ともすれば各人が別々な解釈をしたりして伝達しにくいものですが、イラストや図で具体化することにより、**伝達・共有化も容**

易になることでしょう。すると新概念によるイノベーティブな行動が生まれ
やすくなる、と考えることができます。

　③の「**AI（人工知能）にできないアナログな発想や行動**」は、今後重要に
なってくるといわれている「脳の開発」に役立つということです。データ
ベースや論理推定の枠を超えた、創造的な新しい発想を可能とするのはいわ
ゆるアナログ発想です。このためには、芸術的発想などの直観的な視点が必
要です。これはいくらディープラーニングしても得られないので、現在の
AIでは無理な領域です。イラスト化、図式化は、「**脳力**」のトレーニングで
すし、**創造的な発想法**なのです。

　本書は実践的であることを目指しています。ビジネス上のさまざまな場面
で、イラスト化、図式化のテクニックを活用していただければ幸いです。

2020 年 6 月

伝工房

**【伝工房とスタッフ】**
　ビジネス上の新発想、新伝達方法を提案し、そのためのツールを制作する工房。社内ツール「電子紙芝居」は大手企業でも採用されている。セミナー、研修なども開催中。

**工藤六助**　落語から哲学、神話からひも理論まで、分野を選ばないイラストレーター。ベストセラー『捨てる技術』(宝島社)のイラストを担当。書籍を中心に活躍。

**出川通**　イノベーションのマネジメント手法（実践ＭＯＴ）を用いて新規開発・事業化のコンサルティングを行なっている。多くの大学の客員教授、10数社の社内外ベンチャー企業を創業。工学博士。『技術経営の考え方』（光文社新書）『ロードマップの誤解をとく本』（言視舎）ほか多数。

**水島温夫**　製造業からサービス業にいたる幅広い業界にわたり事業コンサルティング活動を展開。元・三菱総合研究所経営コンサルティング事業センター長。著書『50時間で会社を変える』（日本実業出版社）『図説　新規事業の座礁とリスタート』（言視舎）ほか多数。

**杉山尚次**　伝工房代表。分野を選ばない編集者、本書の編集を担当。

**ＲＥＮ**　イラストレーター、ＤＴＰオペレーター。『ＭＡＮＧＡ　源内』（言視舎）では作画を担当。

ＵＲＬ：https:/den-koubou.com　メール:kikaku@s-pn.jp

伝工房では、随時セミナー、ワークショップを開催しております。出張、リモートも承ります。上記メールでご相談ください。

装丁………長久雅行
イラスト………工藤六助
DTP制作、イラスト………REN
編集協力………田中はるか

# 絵を描くとビジネスが変わります！
イラスト＋図による発想・伝達法のイノベーション

発行日❖2020年7月1日　初版第1刷

編著者
## 伝工房

発行者
## 杉山尚次

発行所
## 株式会社言視舎
東京都千代田区富士見2-2-2　〒102-0071
電話03-3234-5997　FAX 03-3234-5957
https://www.s-pn.jp/

印刷・製本
## 中央精版印刷（株）